中等职业教育汽车专业技能课教材

Qiche Chuandong Xitong Weixiu

汽车传动系统维修
（第2版）

全国交通运输职业教育教学指导委员会
中国汽车维修行业协会　组织编写

曾　丹　郭建英　主　编

人民交通出版社股份有限公司

北　京

内 容 提 要

本书是中等职业教育汽车专业技能课教材,主要内容包括:汽车传动系统认识、离合器维修、手动变速器维修、万向传动装置维修、自动变速器的检修和驱动桥维修。

本书可作为职业院校汽车运用与维修专业的教材,也可作为汽车维修及相关技术人员培训和参考用书。

图书在版编目(CIP)数据

汽车传动系统维修/曾丹,郭建英主编. —2版
. —北京:人民交通出版社股份有限公司,2021.12
中等职业教育汽车专业技能课教材
ISBN 978-7-114-17718-7

Ⅰ.①汽… Ⅱ.①曾…②郭… Ⅲ.①汽车—传动系—车辆修理—中等专业学校—教材 Ⅳ.①U472.41

中国版本图书馆 CIP 数据核字(2021)第 235945 号

书　　　名:	汽车传动系统维修(第2版)
著 作 者:	曾　丹　郭建英
责任编辑:	戴慧莉
责任校对:	孙国靖　龙　雪
责任印制:	张　凯
出版发行:	人民交通出版社股份有限公司
地　　　址:	(100011)北京市朝阳区安定门外外馆斜街3号
网　　　址:	http://www.ccpcl.com.cn
销售电话:	(010)59757973
总 经 销:	人民交通出版社股份有限公司发行部
经　　　销:	各地新华书店
印　　　刷:	北京市密东印刷有限公司
开　　　本:	787×1092　1/16
印　　　张:	11.5
字　　　数:	212千
版　　　次:	2017年3月　第1版
	2021年12月　第2版
印　　　次:	2021年12月　第2版　第1次印刷　总第3次印刷
书　　　号:	ISBN 978-7-114-17718-7
定　　　价:	30.00元

(有印刷、装订质量问题的图书由本公司负责调换)

中等职业教育汽车专业技能课教材编审委员会

主　　任：王怡民（浙江交通职业技术学院）

副 主 任：刘建平（广州市交通运输职业学校）　　杨经元（云南交通技师学院）
　　　　　赵　琳（北京交通运输职业学院）　　　张京伟（中国汽车维修行业协会）
　　　　　陈文华（浙江交通职业技术学院）　　　王凯明（中国汽车维修行业协会）

特邀专家：朱　军（中国汽车维修行业协会）　　　魏俊强（北京祥龙博瑞汽车服务有限公司）
　　　　　张小鹏（庞贝捷漆油（上海）有限公司）　刘　亮（麦特汽车服务股份有限公司）

委　　员：（按姓氏笔画排序）

毛叔平（上海市南湖职业学校）　　　　　　王　健（贵阳市交通技工学校）
王彦峰（北京交通运输职业学院）　　　　　王　强（贵州交通职业技术学院）
占百春（苏州建设交通高等职业技术学校）　刘新江（四川交通运输职业学校）
刘宣传（广州市公用事业技师学院）　　　　齐忠志（广州市交通运输职业学校）
吕　琪（成都工业职业技术学院）　　　　　李　青（四川交通运输职业学校）
李雪婷（成都汽车职业技术学校）　　　　　李春生（广西交通技师学院）
李文慧（新疆交通职业技术学院）　　　　　李　晶（武汉市东西湖职业技术学校）
陈　虹（浙江交通技师学院）　　　　　　　陈文均（贵州省交通运输学校）
陈社会（无锡汽车工程高等职业技术学校）　张　炜（青岛交通职业学校）
杨永先（广东省交通运输高级技工学校）　　杨承明（杭州技师学院）
杨建良（苏州建设交通高等职业技术学校）　杨二杰（四川交通运输职业学校）
陆松波（慈溪市锦堂高级职业中学）　　　　何向东（广东省清远市职业技术学校）
邵伟军（杭州技师学院）　　　　　　　　　周志伟（深圳市宝安职业技术学校）
林育彬（宁波市鄞州职业高级中学）　　　　易建红（武汉市交通学校）
林治平（厦门工商旅游学校）　　　　　　　胡建富（浙江交通技师学院）
赵俊山（济南理工中等职业学校）　　　　　荆叶平（上海市交通学校）
郭碧宝（广州市交通技师学院）　　　　　　姚秀驰（贵阳市交通技工学校）
崔　丽（北京市丰台区职业教育中心学校）　曾　丹（佛山市顺德区中等专业学校）
蒋红梅（重庆市立信职业教育中心）　　　　喻　媛（柳州市交通学校）

第2版前言

本套由全国交通运输职业教育教学指导委员会、中国汽车维修行业协会组织编写的教材，自2017年3月出版以来，多次重印，被全国多所中等职业学校选为教学用书，受到了广大师生的好评。

为了体现职业教育新理念，贴近汽车运用与维修专业实际教学目标，促进"教、学、做"更好地结合，突出对学生实践能力的培养，使之成为技能型人才，2020年11月，人民交通出版社股份有限公司吸取教材使用学校的意见和建议，组织相关老师，经过认真研究和充分讨论，确定了修订方案，通过修订，使教材在结构和内容上与教学内容更加吻合。

《汽车传动系统维修（第2版）》是其中的一本。此次修订内容如下：

1. 根据汽车运用与维修1+X证书制度——职业技能等级标准有关内容，相关学习任务中增加了考证链接，使学习与考证融合，教学更加具备针对性及达到课证融通的目的；

2. 结合汽车维修技术的最新岗位任务，将变速器维修细分为手动变速器维修和自动变速器检修两个项目，以适应更新技术发展的需要；

3. 对部分内容进行了更新与修订；

4. 在每个学习任务后面增加思考与练习；

5. 配套数字资源和电子课件也进行了修订。

本书的修订分工为：广东省佛山市顺德区中等专业学校的曾丹负责项目一、项目二的修订；广东省佛山市顺德区中等专业学校的范海涛负责项目三、项目四的修订；广东省佛山市顺德区中等专业学校的江利财负责项目五、项目六的修订。本书由广东省佛山市顺德区中等专业学校的曾丹和郭建英担任主编。

限于编者水平，书中难免有不当之处，敬请广大院校师生提出意见和建议，以便再版时完善。

作 者
2021年4月

目录

项目一 汽车传动系统认识 ·· 1
  学习任务 1　认识动力传动部分 ·· 1

项目二 离合器维修 ·· 12
  学习任务 2　离合器踏板行程检查与调整 ··· 12
  学习任务 3　离合器压盘与离合器片的检查 ··· 27
  学习任务 4　离合器主缸与工作缸的拆装 ··· 37

项目三 手动变速器维修 ·· 49
  学习任务 5　齿轮传动与润滑 ·· 49
  学习任务 6　手动变速器的部件识别与拆装 ··· 65

项目四 万向传动装置维修 ··· 90
  学习任务 7　万向传动装置的维修 ·· 90

项目五 自动变速器的检修 ·· 110
  学习任务 8　自动变速器的结构认识与部件检修 ·· 110
  学习任务 9　自动变速器的工作原理与故障诊断 ·· 135

项目六 驱动桥维修 ··· 160
  学习任务 10　驱动桥的结构认识与维修 ·· 160

参考文献 ·· 177

项目一　汽车传动系统认识

学习任务1　认识动力传动部分

学习目标

★ **知识目标**

1. 掌握汽车传动系统的基本结构、组成和功用；
2. 掌握传动系统的布置形式及其特点；
3. 理解动力传动的基本原理。

★ **技能目标**

1. 能在汽车上认识传动系统各组成部分的位置；
2. 能指出传动系统的各部分工作关系；
3. 掌握与客户沟通的技巧，向客户介绍汽车传动系统结构特点。

建议课时

4课时。

一辆别克凯越(1.6L)汽车要进行常规底盘检查和维护，别克4S店前台接待

人员简单地向客户介绍了汽车底盘传动系统的检查和维护内容。

一 理论知识准备

❶ 传动系统的概念

汽车发动机与驱动轮之间的动力传递装置称为汽车的传动系统。它应保证汽车具有在各种行驶条件下所必需的牵引力、车速以及保证牵引力与车速之间协调变化等功能,使汽车具有良好的动力性和燃油经济性;还应保证汽车能倒车以及左、右驱动轮能适应差速要求,并使动力传递能根据需要而平稳地接合或彻底、迅速地分离。

❷ 传动系统的组成和功用

1)传动系统的组成

传动系统主要由离合器、变速器、传动轴、主减速器、差速器及半轴等组成,各组成部分的功用如下。

（1）离合器:使发动机与传动系统平顺接合,把发动机的动力传递给传动系统,或者使两者分开,切断动力传输。

（2）变速器:实现变速、变矩和倒车。

（3）万向传动装置:将变速器传出的动力传递给主减速器。

（4）主减速器:降低转速,增加转矩。

（5）差速器:将主减速器传来的动力分配给左、右半轴。

（6）半轴:将动力由差速器传递给驱动轮。

2)传动系统的功用

汽车传动系统的动力传递流程如图1-1所示。

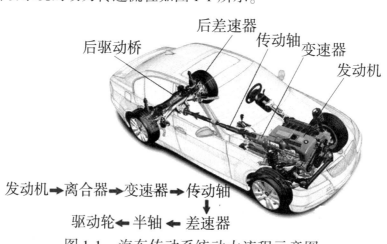

图1-1 汽车传动系统动力流程示意图

项目一 汽车传动系统认识

传动系统的功用是将发动机发出的动力传给驱动车轮。传动系统首要任务是与发动机协同工作,保证汽车在不同使用条件下能正常行驶,并具有良好的动力性和燃料经济性,具体为以下四个方面。

(1)减速和变速。汽车的使用条件,诸如汽车的实际装载量、道路坡度、路面状况以及道路宽度和曲率、交通情况所允许的车速等,都在很大范围内不断地变化。这就要求汽车牵引力和速度也有相当大的变化范围。对活塞式内燃机来说,在其整个转速范围内,转矩的变化范围不大,而功率及燃油消耗率的变化却很大,因而应保证发动机有功率较大而燃油消耗率较低的曲轴转速范围,即有利转速范围很窄。为了使发动机能保持在有利转速范围内工作,而汽车牵引力和速度能在足够大的范围内变化,应当使传动系统传动比(所谓传动比就是驱动轮转矩与发动机转矩之比或发动机转速与驱动轮转速之比)能在最大值与最小值之间变换,即传动系统应起变速作用。

(2)汽车倒驶。在某些情况下,汽车需要倒向行驶。然而,发动机是不能反向旋转的,故与发动机共同工作的传动系统必须保证在发动机选择方向不变的情况下,能够使驱动轮反向旋转。一般是在变速器内加设倒挡(具有中间齿轮的减速齿轮副)。

(3)必要时中断动力传动。发动机只能在无负荷情况下起动,而且起动后的转速必须保持在最低稳定转速以上,否则即可能熄火,所以,在汽车起步之前,必须将发动机与驱动轮之间的动力传动路线切断,以便起动发动机。发动机进入正常怠速运转后,再逐渐地恢复传动系统的传动能力,即从零开始逐渐对发动机曲轴加载,同时加大节气门开度,以保证发动机不致熄灭,且汽车能平稳起步。此外,在变换传动系统传动比挡位(换挡)以及对汽车进行制动之前,都有必要暂时中断动力传递。为此,在发动机与变速器之间,可装设一个依靠摩擦来传动,且其主动和从动部分可在驾驶员操纵下彻底分离,随后再柔和接合的机构——离合器。

同时,在汽车长时间停驻以及在发动机不停止运转的情况下,使汽车暂时停驻,传动系统应能较长时间中断动力传动状态。为此,变速器应设有空挡,即所有各挡齿轮都能自动保持在脱离传动位置的挡位。

(4)差速作用。当汽车转弯行驶时,左右车轮在同一时间内滚过的距离不同,如果两侧驱动轮仅用一根刚性轴驱动,则两者角速度必然相同,因而在汽车转弯时必然产生车轮相对于地面滑动的现象。这将使转向困难,汽车的动力消耗增加,传动系统内某些零件和轮胎加速磨损。所以,我们需要在驱动桥内安装具有差速作用的部件——差速器,使左右两驱动轮可以不同的角速度旋转。

❸ 传动系统分类

传动系统按结构和传动介质分有:机械式传动系统、液力机械式传动系统、静液式(容积液压式)传动系统和电动式传动系统,如图1-2~图1-5所示。

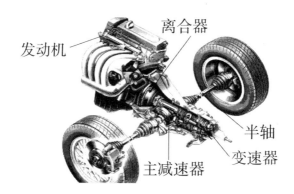

图1-2　机械式传动系统

图1-3　液力机械式传动系统

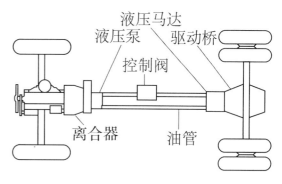

图1-4　静液式传动系统

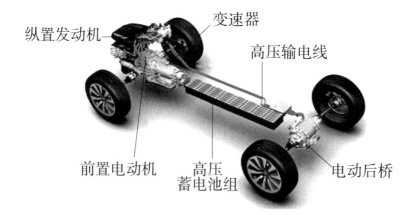

图1-5　电动式传动系统

❹ 汽车传动系统布置形式

传动系统布置形式

汽车传动系统的布置形式与发动机的位置及驱动桥的位置有关,一般可分为前置前驱、前置后驱、后置后驱、中置后驱四种形式。

1)前置前驱(FF)

前置前驱是指发动机放置在车的前部,并采用前轮作为驱动轮。现在大部分轿车都采取这种布置方式,如图 1-6 所示。由于发动机布置在车的前部,所以整车的重心集中在车身前段,会有点"头重尾轻"。但由于车体会被前轮拉着走,所以,前置前驱汽车的直线行驶稳定性非常好。

另外,由于发动机动力经过差速器后用半轴直接驱动前轮,不需要经过传动轴,动力损耗较小,适合于小型车。不过,由于前轮同时负责驱动和转向,转向半径相对较大,容易出现转向不足的现象。

2)前置后驱(FR)

前置后驱是指发动机放置在车前部,并采用后轮作为驱动轮,如图 1-7 所示。FR 方式使整车的前后质量比较均衡,拥有较好的操控性能和行驶稳定性,但传动部件多、传动系统质量大,贯穿乘坐舱的传动轴占据了舱内的地面空间。

图 1-6　前置前驱汽车构造　　　图 1-7　前置后驱汽车构造

FR 汽车拥有较好的操控性、稳定性、制动性,现在的高性能汽车依然喜欢采用这种布置形式。

3)后置后驱(RR)

后置后驱是指将发动机放置在后轴的后部,并采用后轮作为驱动轮,如图 1-8 所示。由于全车的质量大部分集中在后方,且又是后轮驱动,所以起步、加速性能都非常好,因此,超级跑车一般都采用 RR 方式。

RR 车的转弯性能比 FF 车和 FR 车更加敏锐,不过,当后轮的抓地力达到极限时,会有打滑甩尾现象,不容易操控。

4)中置后驱(MR)

中置后驱是指将发动机放置驾乘室与后轴之间,并采用后轮作为驱动轮,如

图 1-9 所示。MR 这种设计已是高级跑车的主流驱动方式。由于将车中运动惯量最大的发动机置于车体中央，整车质量分布接近理想平衡，使得 MR 车获得了最佳的运动性能。

图 1-8　后置后驱汽车构造　　　　图 1-9　中置后驱汽车构造

MR 车由于发动机中置，车厢比较窄，一般只有两个座位，而且发动机离驾驶员近，噪声比较大。

二　任务实施

❶ 准备工作

（1）车辆准备：2 辆别克凯越轿车。

（2）维修举升工位和常用的工具。

（3）坐套、转向盘套、换挡手柄套、脚垫、翼子板护围等。

（4）车辆《维修手册》。

❷ 技术要求与注意事项

（1）认识汽车传动系统各个组成在车辆的位置。

（2）了解各组成部分的作用与基本原理。

图 1-10　凯越发动机机舱内的布置

❸ 操作步骤

（1）停好车辆，安装车轮三角挡块。

（2）打开发动机舱盖，支起支架，观察凯越发动机机舱内的布置，如图 1-10 所示。

（3）找到离合器和变速器的位置。

（4）一名学生在车内踩离合器踏板、挂挡，小组其他同学观察离合器操纵机构各组成件的位置变化。

（5）小组成员观察变速器操纵机构各组成件的位置变化。

（6）在车内找到变速杆(图1-11)和离合器踏板位置(图1-12)。

a)凯越手动变速杆的位置　　　　　b)凯越自动变速杆的位置

图1-11　凯越变速杆位置

（7）挂空挡后举升车辆，观察变速器和传动轴，转动车轮，观察左右轮的转动，如图1-13所示。

图1-12　离合器踏板位置(最左边踏板)　　图1-13　凯越底盘—传动轴

在车辆上观察后，完成表1-1。

传 动 系 统 组 成　　　　　　　　　　　表1-1

组　　成	车辆上的位置	功　用
离合器		
离合器踏板		
变速器		
变速操纵机构		
主减速器		
差速器		
传动轴		

三 学习拓展

世界著名变速器生产厂家

从全球范围来看,比较大的自动变速器生产厂商只有3家,它们分别是ZF、Aisin AW 和 Jatco。

ZF 的中文名字是采埃孚,该公司成立于1915年,总部位于德国,目前是全球最大的传动技术公司,ZF 所生产的自动变速器在欧洲品牌车型上得到广泛应用,奔驰、宝马、奥迪这些德国车大都装备 ZF 自动变速器。1998年,ZF 在苏州建立了采埃孚传动技术有限公司,但是在那里生产的都是商用车自动变速器。近年来,ZF 在南京也设立了一个名不见经传的低调独资厂家,小批量装配 CVT 自动变速器,现应用于海南海马汽车。另外,采埃孚在上海也有一家具有相当规模的合资公司(上海采埃孚由德国 ZF 持有51%股份)。

Aisin AW 的中文名字是爱信,这是一家日本公司。Aisin AW 成立于1969年,当时是由 Aisin 和 Borg-Warner(博格华纳)合资建立,它是爱信精机(Aisin Seiki)株式会社的子公司,由于丰田公司拥有爱信精机22.2%的股份,因此,Aisin AW 实际属于丰田公司之下,不过,它的自动变速器除了提供给丰田汽车外,也被其他整车厂商广泛采购,比如马自达、大宇、欧宝、大众、菲亚特、雪铁龙,甚至保时捷、宝马和奥迪也在其中。1996年,Aisin AW 和唐山齿轮厂合资建立了唐山爱信齿轮有限公司,主要生产手动变速器,著名的北京吉普汽车有限公司后期生产的切诺基所装配的变速器即为该厂生产的爱信变速器。而2002年建成投产的天津爱信车身零部件有限公司(天津爱信由爱信持有80%股份),主要生产自动变速器,供货对象主要是丰田在我国的合资企业,如一汽丰田、广汽丰田、四川丰田、天津一汽等。

Jatco 没有正式的中文名称,它也是一家日本企业,其前身就是日产的 AT/CVT(自动变速器/无级变速器)分部,1999年,该分部从日产独立出来,联合 Jatco 成立了 Jatco 变速器技术公司,并在2004年正式更名为 Jatco 株式会社。后来,Jatco 又合并了同样独立出来的三菱 AT/CVT 分部。Jatco 的自动变速器除了装备日产、三菱外,还先后给现代、捷豹、通用大宇、福特、戴克、雷诺供货。宝马528i 也用过 Jatco 的自动变速器。Jatco 也在广州花都建立了初期产能为14.4万套的加特可(广州)自动变速器有限公司,为东风日产配套,主要生产 CVT 无级变速器。

除了这三家生产厂,通用汽车旗下的艾里逊变速器部门(Alison Transmission)也很有名,它在商用车传动系统领域处于领先地位。如果把双离合器变速器也归于自动变速器的话,那么,著名的手动变速器生产企业Getrag也算是剑走偏锋的一个。

由汽车整车生产厂家设立的变速器厂家,主要是大众汽车(上海)自动变速器有限公司,大众汽车(上海)自动变速器公司由大众持有60%股份。本田汽车也由本田技研在广东南海建立了年产24万套自动变速器的本田汽车零部件制造有限公司(独资),为国产化的广州本田和东风本田配套。

当然,更不要忘记那些正在国产自动变速器研发制造上艰苦努力的本土企业,比如奇瑞和吉利,奇瑞基本依靠自身的力量在生产变速器及自动变速器,其中AMT已经装配了奇瑞QQ,而吉利则以4亿元的代价收购了澳大利亚DSI,其自身生产的JL-Z系列自动变速器已经有少量量产和装车。此外,南方汽车旗下重庆青山变速器分公司,也开发出AMT自动变速器并小批量装车。准备在自动变速器领域有所突破的厂家则更多,如上海汽车变速器有限公司、华泰变速器公司和拟投入巨资用于自动变速器领域的长城汽车。而在河南省洛阳三明,一家民营的自动变速器独立研发机构,其自主开发的CVT变速器2003年就通过了省部级鉴定。

由于国产手动变速器在工艺和技术上均未完全达到国际水平,特别是在质量稳定性和可靠性方面,确实还存在一定差距。中国齿轮专业协会有关人士则坦陈:"本土自动变速器与进口或者合资厂家自动变速器存在的差距,主要体现在一些核心部件如轴承和油封的开发上"。因此,自动变速器国产化的尴尬就不足为奇了,其根本原因是国内企业缺乏汽车变速器的技术积累,以及国外生产厂家对中国企业的技术封锁,核心技术已被国外公司技术专利所覆盖,要想绕开这些专利实现技术的突破不仅需要高昂的研发费用,过长的研发周期更不利于商业化的实现。

尽管中国的汽车工业还需要依赖国际合作,特别是关键部件及技术,在相当长时间内还离不开国外厂家,但我们可以在奇瑞、吉利和长城这样的将独立自主研发放在首位的国内企业身上看到希望的曙光。也许,它们更需要我们的加油和喝彩以及付诸实际的支持。

四 评价与反馈

1 自我评价

(1)通过本任务的学习,你是否已经知道以下问题:

①汽车传动系统的基本组成有哪些? _____
②维护传动系统有哪些要点? _____
③主减速器的作用是什么? _____
④汽车驱动方式的分类及不同点是什么? _____
(2)本任务的学习过程中用到了哪些设备?
_____
(3)实训过程完成情况如何?
_____
(4)通过本任务的学习,你认为自己的知识和技能还有哪些欠缺?
_____

　　　　　　签名:_____　　　___年___月___日

❷ **小组评价**(表1-2)

小组评价表　　　　　表1-2

序号	评价项目	评价情况
1	着装是否符合要求	
2	是否能合理规范地使用仪器和设备	
3	是否按照安全和规范的流程操作	
4	是否遵守学习、实训场地的规章制度	
5	是否能保持学习、实训场地整洁	
6	团结协作情况	

参与评价的同学签名:_____　___年___月___日

❸ **教师评价**

_____

　　教师签名:_____　　　___年___月___日

五　技能考核

根据学生完成实训任务的情况对学习效果进行评价。技能考核标准见表1-3。

技能考核标准 表1-3

序号	项目	操作内容	规定分	评分标准	得分
1	准备工作	停车、准备防护三件套	10	准备好工具、准备三件套5分,举升安全5分	
2	介绍该车传动系统的形式和组成	讲解传动系统的组成并介绍特点	10	能正确、完整介绍各组成及位置10分	
3	指出传动系统各组成部分的位置	完全正确指出相应位置	70	正确指出传动系统的离合器踏板、离合器、离合器操纵机构、变速器、变速器操纵杆、变速操纵机构、传动轴位置,每项10分	
4	还原工位	放下发动机舱盖,整理防护套等,清洁场地	10	复原工位5分;清洁场地5分	
	总分		100		

六 思考与练习

1. 汽车传动系统由哪些组成？简述汽车传动系统的作用。
2. 汽车的驱动形式有哪几种？各有什么特点？
3. 简述汽车差速器的作用。

项目二　离合器维修

学习任务2　离合器踏板行程检查与调整

学习目标

 知识目标

1. 叙述离合器的功用与基本结构；
2. 叙述离合器的分类及工作原理；
3. 掌握正确地使用工量具和设备的方法；
4. 掌握离合器行程的检查与调整步骤和方法。

 技能目标

1. 能在车上正确找出离合器踏板、液压主缸及工作缸的具体位置；
2. 能在汽车上规范地进行离合器踏板行程检查与调整。

建议课时

6课时。

项目二　离合器维修

汽车运用与维修1+X证书制度——职业技能等级标准

模块:汽车动力与驱动系统综合分析系统模块等级证书

技能大纲:1-1 汽车动力与驱动系统综合分析系统模块等级证书(初级)

工作任务:变速器系统检查与维护

职业技能	技能要求	知识要求
3.3 离合器检查与维护	3.3.1 能检查和调整离合器主缸液压油的液面高度,并选用符合厂家要求的油液给予补充 3.3.2 能检查液压系统有无泄漏 3.3.3 能检查液压油的油质和型号,清洗液压系统,重新加注标准离合器液压油 3.3.4 能进行离合器总成的拆装	3.3.1 离合器液压油液位高度的判读 3.3.2 离合器液压系统有无泄漏检查细则 3.3.3 离合器液压油油质和型号检查细则 3.3.4 离合器总成的拆装流程

一辆别克凯越(1.6L)轿车因离合器工作缸漏油导致车辆故障,需要对离合器操纵机构进行检查,确定故障部位,并对其维修、调整。

一　理论知识准备

离合器位于发动机和变速器之间的飞轮壳内,用螺栓将离合器总成固定在飞轮的后平面上,离合器的输出轴就是变速器的输入轴。在汽车行驶过程中,驾驶员可根据需要踩下或松开离合器踏板,使发动机与变速器暂时分离和逐渐接合,以切断或传递发动机向变速器输入的动力。离合器是机械传动中的常用部件,可将传动系统随时分离或接合。离合器结构如图2-1所示。

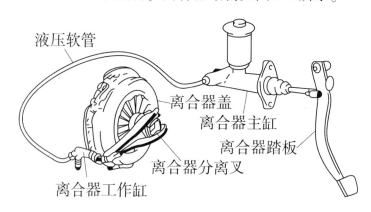

图2-1 离合器结构

对离合器的基本要求有:接合平顺,分离迅速而彻底;调节和修理方便;外廓尺寸小;质量小;耐磨性好并具有足够的散热能力;操作方便省力。

1 离合器的功用

离合器是汽车传动系统的重要组成部分,离合器安装于发动机与变速器之间,用于暂时分离两者或平顺地接合以传递发动机的动力,其功用如下。

1)保证汽车平稳起步

汽车起步时,驾驶员缓慢抬起离合器踏板,使离合器的主、从动部件逐渐接合,与此同时,逐渐踩下加速踏板,以增加发动机的输出转矩,这样发动机的转矩便可由小到大传递给驱动车轮。当牵引力足以克服汽车起步时的行驶阻力时,汽车便由静止开始缓慢逐渐加速,实现平稳起步。

2)使换挡时工作平顺

汽车在行驶过程中,由于行驶条件的变换,需要不断变换变速器挡位。对于普通齿轮变速器,换挡时不同的齿轮副要退出啮合或进入啮合,这就要求换挡前踩下离合器踏板,中断发动机的动力传动,便于退出原有齿轮副的啮合、进入新齿轮副的啮合。如果没有离合器或离合器分离不彻底使动力不能完全中断,原啮合齿轮副之间会因压力大而难以脱开,而待啮合齿轮副之间因圆周速度不同而难以进入啮合,即使勉强啮合也会产生很大的冲击和噪声,甚至会打齿。

3)防止传动系统超载

汽车紧急制动时,如果发动机与传动系统刚性连接,发动机转速将急剧下降,其所有零件将产生很大的惯性力矩,这一力矩作用于传动系统,会造成传动系统过载而使其机件损坏。有了离合器,当传动系统承受载荷超过离合器所能传递的最大转矩时,离合器会通过主、从动部分之间的打滑来消除这一危险,从而起到过载保护的作用。

❷ 离合器的分类

汽车上应用的离合器主要有三种形式:摩擦离合器、液力耦合器和电磁离合器。

(1)摩擦离合器:利用主、从动部件的摩擦作用来传递转矩的离合器,组成如图 2-2 所示,目前在汽车上已被广泛采用。

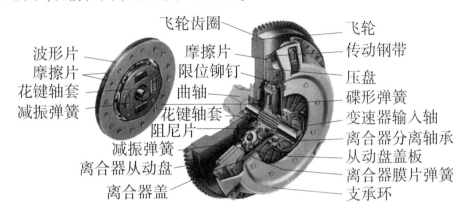

图 2-2　摩擦离合器

(2)液力耦合器:利用液体作为传动介质的离合器,组成如图 2-3 所示。

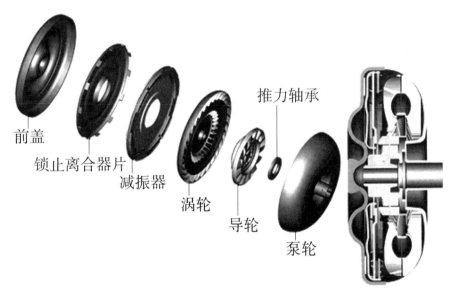

图 2-3　液力耦合器

(3)电磁离合器:利用磁力传动的离合器,如在空调中应用的就是这种离合器。

本书只介绍在汽车传动系统中应用最广泛的摩擦离合器。

❸ 离合器的基本组成

汽车摩擦式离合器的基本组成如图2-4所示。摩擦式离合器主要由主动部分(飞轮)、从动部分(从动盘)、压紧机构(压缩弹簧)和操纵机构四部分组成,其结构如图2-5所示。

主动部分包括飞轮、离合器盖和压盘。离合器盖用螺栓固定在飞轮上,压盘后端圆周上的凸台伸入离合器盖的窗口中,并可沿窗口轴向移动。这样,当发动机转动时,动力便经飞轮、离合器盖传到压盘,并一起转动。

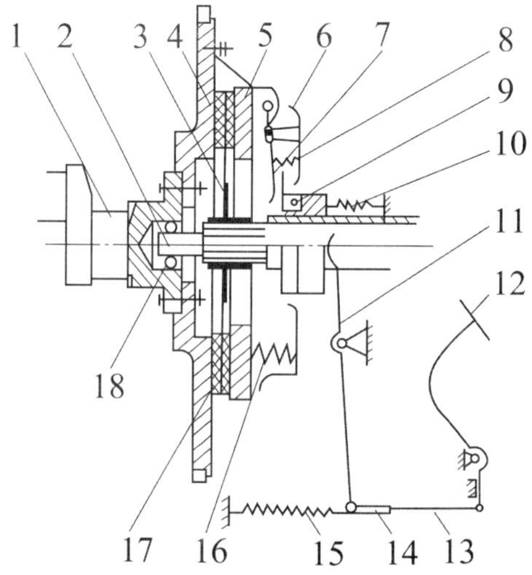

图2-4 汽车摩擦式离合器的基本组成

图2-5 摩擦式离合器结构示意图

1-曲轴;2-从动轴(变速器一轴);3-从动盘;4-飞轮;5-压盘;6-离合器盖;7-分离杠杆;8、10、15-复位弹簧;9-分离轴承和分离套筒;11-分离叉;12-离合器踏板;13-分离拉杆;14-分离拉杆调节叉;16-压紧弹簧;17-从动盘摩擦片;18-轴承

从动部分包括从动盘和从动轴。从动盘带有双面的摩擦片,离合器正常接合时,分别与飞轮和压盘相接触;从动盘通过花键毂装在从动轴的花键上,从动轴是手动变速器的输入轴(一轴),其前端通过轴承支承在曲轴后端的中心孔中,后端支承在变速器壳体上。从动盘一般采用高摩擦的耐热材料制成。

压紧机构由若干根沿圆周均匀布置的压紧弹簧,它们装在压盘与离合器盖之间,用来将压盘和从动盘压向飞轮,使飞轮、从动盘和压盘三者压紧在一起。

操纵机构包括离合器踏板、分离拉杆、调节叉、分离叉、分离套筒、分离轴承、分离杠杆、复位弹簧等。

4 离合器工作原理

1) 接合状态

离合器在接合状态下,操纵机构各部件在复位弹簧的作用下回到图2-5所示的各自位置。分离杠杆内端与分离轴承之间保持有一定的间隙,压紧弹簧将飞轮、从动盘和压盘三者压紧在一起,发动机的转矩经过飞轮及压盘通过从动盘两摩擦面的摩擦作用传递给从动盘,再由从动轴输入到变速器。

摩擦式离合器基本原理

2) 分离过程

分离离合器时,驾驶员踩下离合器踏板,分离套筒和分离轴承在分离叉的推动下,先消除分离轴承与分离杠杆内端之间的间隙,然后推动分离杠杆内端前移,使分离杠杆外端带动压盘克服压紧弹簧作用力后移,摩擦作用消失,离合器的主、从动部件分离,中断动力传动。

3) 接合过程

接合离合器时,驾驶员缓慢抬起离合器踏板,在压紧弹簧的作用下,压盘向前移动并逐渐压紧从动盘,使接触面间的压力逐渐增加,摩擦力矩也逐渐增加;当飞轮、压盘和从动盘之间接合还不紧密时,所能传动的摩擦力矩较小,离合器的主、从动部件有转速差,离合器处于打滑状态;随着离合器踏板的逐渐抬起,飞轮、压盘和从动盘之间的压紧程度逐渐紧密,主、从动部分的转速也渐趋相等,直到离合器完全接合而停止打滑,接合过程结束。

5 离合器的操纵机构

离合器操纵机构是离合器系统的重要组成部分,是驾驶员用以使离合器分离、接合的一套装置,它始于离合器的踏板,终止于离合器壳内的分离轴承。按传动方式划分,离合器操纵机构主要有机械式、液压式和助力式。虽然离合器操纵机构类型较多,但位于飞轮壳内的分离操纵机构的结构基本相同。这里主要介绍位于飞轮壳外面的离合器操纵机构。

离合器操纵机构检测

1) 机械式离合器操纵机构

机械式操纵机构有杆系传动和绳索传动两种形式。

杆系传动机构结构简单、工作可靠,广泛应用于各型汽车上。杆系传动中杆件间铰接多,摩擦损失大,车架或车身变形以及发动机位移时会影响其正常工作。在平头车、后置发动机汽车等离合器需要远距离操纵时,合理布置杆系比较困难。

绳索传动机构可消除杆系传动机构的一些缺点,并能采用便于驾驶员操纵的吊挂式踏板。但绳索寿命较短,拉伸刚度较小,故只适用于轻型、微型汽车和某些轿车。

机械式离合器操纵机构工作原理:离合器分离时,拉线被收紧,拉线护套压缩弹簧并带动其下端的锁止推块下移。锁止推块的锥面将锁球向外紧压在缸筒壁上,调整机构被锁止。这时,拉线护套下端被锁止推块和锁球固定在缸筒壁上;接着踩下离合器踏板,拉线下端将上移,带动分离杠杆,使离合器分离。当放松离合器踏板回位时,拉线下端受拉力作用下移,夹持块被拉到锁球保持架的底面,与锁球保持架一同向下运动,锁球脱离锁止推块的锥面,自动调整机构被松开,恢复到离合器接合状态。

2)液压式离合器操纵机构

液压式离合器操纵机构具有摩擦阻力小,传递效率高,接合平顺等优点。它结构比较简单,便于布置,不受车身和车架变形的影响,是普遍采用的一种操纵类型,如图2-6所示。

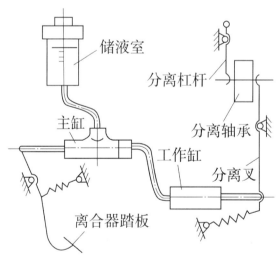

图2-6 液压式离合器操纵机构示意图

液压式离合器操纵机构由离合器踏板、离合器主缸、储液室、离合器工作缸、进油管和高压油管等组成。

桑塔纳轿车离合器液压操纵系统如图2-7所示。当踏下离合器踏板时,通过主缸推杆使活塞向左移动,止回阀关闭。当活塞前皮碗将补偿孔关闭后,管路中油压开始升高。在油压作用下,工作缸活塞左移,工作缸推杆顶头直接推动分离板,带动分离套筒和分离轴承左移,使离合器分离。

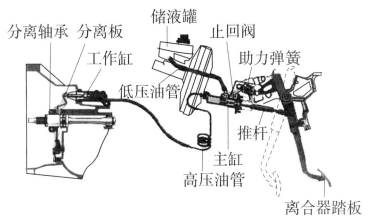

图 2-7 桑塔纳轿车离合器液压操纵系统

当快速放松离合器踏板时,复位弹簧使主缸活塞较快右移,由于管道阻力的作用,管路中油液回流到油缸的速度跟不上活塞的移动,使活塞左面可能形成一定的真空度。在压力差的作用下,从储液罐和进油管来的油液经进油孔和活塞上的轴向小孔,沿皮碗的外缘流向活塞下左边油腔弥补真空。当工作缸活塞复位,原先压入到工作缸的油液流回主缸时,多余的油液经补偿孔流入进油管和储液罐。当液压系统因漏损或温度变化引起油液容积改变时,可通过补偿孔自动进、出油液,保证液压操纵系统的正常工作。

3) 助力式离合器操纵机构

在中型或重型汽车上,离合器压紧弹簧力很大,为了减小所需的踏板力,又不致因传动机构杠杆比过大而加大踏板行程,可在机械式或液压式操纵机构基础上加设各种助力装置。常用的助力装置有弹簧式和气压式两种。

弹簧助力式离合器操纵机构,在离合器处于接合状态时,助力臂销轴中心位于固定销轴中心与离合器踏板轴中心连线之下,弹簧作用给离合器踏板一个逆时针方向的力矩。在踏下离合器踏板初期,顺时针方向的踏板力矩要克服逆时针方向的弹簧力矩。当助力臂销轴中心转到固定销轴中心与离合器踏板轴中心连线时,弹簧对离合器踏板的作用力矩为零。当助力臂销轴中心转到固定销轴中心与离合器踏板轴中心连线以上时,弹簧作用给离合器踏板一个顺时针方向的力矩,起助力作用。

气压助力式离合器操纵机构一般是利用由发动机带动的空气压缩机提供的能量作为主要的操纵能源,驾驶员的肌体则作为辅助的和后备的操纵能源。由于包括空气压缩机、储气罐在内的一整套压缩空气源,结构较复杂,质量也大,所以,单为离合器操纵机构设置整套能源系统是不适宜的,一般都是与汽车的气压制动系统及其他气动设备共用一套压缩空气源。气压助力装置可以装设在机械式操纵机构中,也可以装设在液压式操纵机构中。

❻ 离合器自由间隙和离合器踏板自由行程

离合器在正常接合状态下,分离杠杆内端与分离轴承之间应留有一定量的间隙,一般为几毫米,这个间隙称为离合器自由间隙。如果没有自由间隙,从动盘摩擦片磨损变薄后压盘将不能向前移动压紧从动盘,这将导致离合器打滑,使离合器所能传动转矩下降,车辆行驶无力,而且会加速从动盘的磨损。

为了消除离合器的自由间隙和操纵机构零件的弹性变形所需要的离合器踏板行程,称为离合器踏板自由行程,如图2-8所示。可以通过拧动调节叉来改变分离拉杆的长度,实现踏板自由行程的调整。

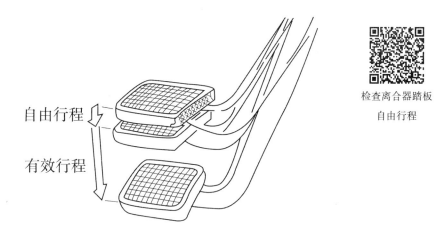

图2-8 离合器踏板自由行程

在常用的小型汽车上,多采用膜片式离合器,用拉索进行操纵(例如捷达、富康、桑塔纳等车型)。在捷达轿车离合器踏板自由行程的控制上,采用了自动调整装置,此类离合器的踏板自由行程不需要调整。当检查其离合器踏板自由行程失准时,应检修或更换其自动调整装置。下面介绍普通拉索式离合器踏板自由行程的检查与调整。

富康轿车的离合器踏板自由行程为5～15mm,有效行程不小于140mm。检查时,先测出离合器踏板在完全放松时的高度,再测量踩下踏板感到分离杠杆被分离轴承压上时的高度,两次测量的行程差即为离合器踏板的自由行程,如图2-8所示。如不符合要求,可用离合器分离叉拉杆上调整螺母进行调整。调整时,根据需要拧入调整螺母,则自由行程减小;拧出调整螺母,则自由行程增大。图 2-9 所示为富康轿车离合器踏板调整位置。

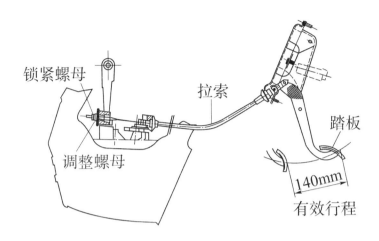

图 2-9　富康轿车离合器踏板调整位置

桑塔纳轿车的离合器踏板自由行程为 15～25mm,有效行程为 150mm±5mm。该车型离合器踏板自由行程的调整主要是靠离合器拉索的调节螺母来进行调整的,调整方法同上,如图 2-10 所示。

捷达轿车离合器采用自动调整拉索装置,如图 2-11 所示。该装置是一种免维护的拉索,具有自动补偿功能。当离合器摩擦片磨损时,由于拉索的自动调整作用,可使拉索内的拉线伸长一段的量,起到了自由行程的补偿作用。这样就保证了在摩擦片磨损一定程度之后仍能可靠地传递转矩,避免了普通离合器踏板自由行程的定期调整工作。

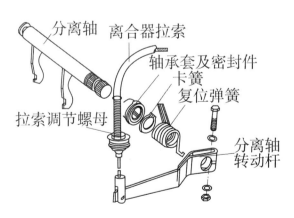

图 2-10　桑塔纳轿车的离合器拉索的调整位置

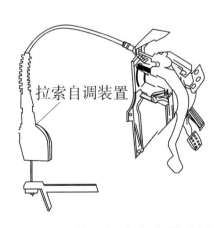

图 2-11　捷达轿车离合器采用自动调整拉索装置

二 任务实施

1 准备工作

(1)常用拆装工具、举升机。
(2)能起动的汽车(根据分组安排调整车辆数)。
(3)《维修手册》(与准备车辆配套)。

2 技术要求与注意事项

(1)整个操作过程中严格按照现场5S管理要求操作。
(2)操作过程规范操作,任务完成后进行检查,从而恢复车辆的使用性能。
(3)在整个操作过程中必须保证人身安全和设备安全,特别是在进行车辆举升和下降过程中。

3 操作步骤

1)离合踏板高度调整

(1)松开离合器主缸推杆上的锁紧螺母,如图2-12所示。
(2)转动离合器主缸推杆,使推杆尾端露出5扣螺纹即可,如图2-13所示。

图2-12 主缸推杆上的锁紧螺母

图2-13 推杆尾端露出5扣螺纹

(3)调整完后锁紧离合器主缸推杆上的锁紧螺母。

2)离合器踏板自由行程调整

(1)确定离合器踏板自由行程。用手轻压离合器踏板并感到有阻力时测量踏板下降距离,如图2-14所示。
(2)调整离合器踏板行程。松开推杆锁紧螺母并转动推杆使自由行程符合要求。离合器踏板自由行程一般在10~15mm之间,具体数据需查阅维修手册。调整好后紧固锁紧螺母,如图2-15所示。
(3)测量离合器踏板行程。将离合器踏板踩到底,测量起、止位置之间的距离,如图2-16所示。

项目二　离合器维修

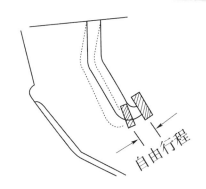

图 2-14　离合器踏板行程调整

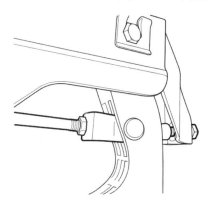
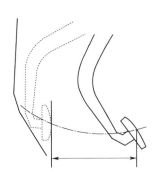

图 2-15　离合器踏板行程调整　　图 2-16　离合器踏板行程调整

（4）调整离合器踏板行程。松开锁紧螺母并转动螺栓，离合器踏板行程应在 130～140mm 之间，调整好后紧固锁紧螺母。

实车检测数据填写：

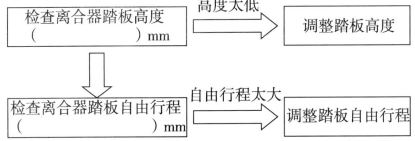

注意：1. 如果离合器踏板高度太低，即使离合器踏板一直踩到地板，离合器也不能完全脱开。

2. 如果离合器踏板自由行程太大，即使踏板踩到底，离合器也不能完全分离。

装有液压离合器的汽车，必须分别检查踏板推杆的自由行程和分离叉的自由行程。

三 学习拓展

双离合器变速器技术发展历史及应用现状

早在 1939 年德国的 Kégresse.A 第一个申请了双离合器变速器的专利,他提出了将手动变速器分为两部分的设计概念:一部分传递奇数挡,另一部分传递偶数挡,且其动力传递通过两个离合器联结两根输入轴,相邻各挡的从动齿轮交错与两输入轴齿轮啮合,配合两离合器的控制,能够实现在不切断动力的情况下转换传动比,从而缩短换挡时间,有效提高换挡品质。该变速器曾经在载货车上进行过试验,限于当时的控制技术,这种变速器并没有投入批量生产。到 20 世纪 80 年代,保时捷也发明了专用于赛车的双离合变速器(PDK),但也未能将 DCT 技术投入批量生产。

1985 年,大众公司在奥迪 Sport Quattro S1 赛车上采用了双离合器变速器技术,但直到 20 世纪 90 年代末,随着电子技术的迅速发展,双离合器控制技术逐渐得以成熟,大众汽车公司和博格华纳首先携手合作生产,将它配置在量产主流车型奥迪车上,并给它命名为直接换挡变速器 Direct-Shift Gearbox(DSG),并于 2002 年首次向世界展示了这一技术创新。2003 年推出了六挡 DSG 变速器,成为首个提供双离合器系统的整车厂。2006 年,大众又率先在奥迪 TT 3.2 车型上应用了 DSG 变速器,随后,DSG 产品陆续配套到了大众捷达、大众途安、大众第五代高尔夫、大众宝来、奥迪 A3、奥迪 TT、Seat、Skoda 等众多车型,创下超过 100 万套的销售纪录。后来,大众公司又发布了一款新研制的七挡 DSG 变速器,代号为 DQ200。它使用了一对干离合器片代替了原来六挡 DSG 变速器的液体调节双离合器片,其换挡效率和动力传递有了明显的提升。作为创新型变速器的实际开发者之一的德国顶尖跑车专业品牌——保时捷,也推出其自主开发的、称之为"PDK"(Porsche Doppel Kupplungen——双离合器变速系统的德文)的双离合器变速器。

在大众 DSG 变速器问世后,沃尔沃和宝马也相继投入双离合器变速器阵营,以相似的概念推出各自的变速器产品。宝马发布了 DKG 七挡双离合变速器的研发成果,并决定将该技术最先在宝马 M3 车系中使用,称之为"M-DCT"。宝马七挡自动变速器和大众的七挡自动变速器最大的区别就是:"M-DCT"双离合器采用湿式离合器,而大众的双离合器采用干式离合器。

菲亚特也于 2009 年发布其自主研发的双离合变速系统。这套变速器被命名为 C635,配备在菲亚特多款车型上,包括 Grande Punto、Bravo 和阿尔法罗密欧的一些车上。

虽然大众等厂家各自推出了双离合器变速器,但是核心的双离合控制模块均来自美国博格华纳公司。

四 评价与反馈

1 自我评价

(1)通过本任务的学习,你是否已经知道以下问题:

①汽车离合器的基本组成有哪些?＿＿＿＿＿＿＿＿＿＿

②离合器的主要作用是什么?＿＿＿＿＿＿＿＿＿＿

③离合器自由行程的概念是什么?＿＿＿＿＿＿＿＿＿＿

④如何调整离合器自由行程?＿＿＿＿＿＿＿＿＿＿

(2)本任务的学习过程中用到了哪些设备?

＿＿＿＿＿＿＿＿＿＿＿＿＿＿＿＿＿＿＿＿＿＿＿＿＿＿＿

(3)实训过程完成情况如何?

＿＿＿＿＿＿＿＿＿＿＿＿＿＿＿＿＿＿＿＿＿＿＿＿＿＿＿

(4)通过本任务的学习,你认为自己的知识和技能还有哪些欠缺?

＿＿＿＿＿＿＿＿＿＿＿＿＿＿＿＿＿＿＿＿＿＿＿＿＿＿＿

签名:＿＿＿＿＿＿＿ ＿＿＿＿年＿＿月＿＿日

2 小组评价(表2-1)

小组评价表　　　　　表2-1

序号	评价项目	评价情况
1	着装是否符合要求	
2	是否能合理规范地使用仪器和设备	
3	是否按照安全和规范的流程操作	
4	是否遵守学习、实训场地的规章制度	
5	是否能保持学习、实训场地整洁	
6	团结协作情况	

参与评价的同学签名:＿＿＿＿＿＿＿ ＿＿＿＿年＿＿月＿＿日

3 教师评价

教师签名：_____　　　____年___月___日

五 技能考核

根据学生完成实训任务的情况对学习效果进行评价。技能考核标准见表2-2。

技 能 考 核 标 准　　　表2-2

序号	项　目	操 作 内 容	规定分	评 分 标 准	得分
1	着装规范	穿戴工作服、防护用品	5	穿戴工作服、穿防护鞋，每一项未完成扣2分，扣完为止	
2	准备工作	车辆、工量具准备，场地清洁	10	车辆、工量具到位，场地清洁，每一项未完成扣2分，扣完为止	
3	离合器踏板行程检查	检查离合器踏板行程	40	按步骤操作，一步不规范扣5分	
4	离合器踏板调整	规范调整离合器踏板	20	调整方法不正确，不符合技术要求每一项扣5分，扣完为止	
5	工位整理	工量具、设备、场地整理	10	工量具、设备、场地整理，每一项未完成扣2分，扣完为止	
6	安全作业	遵守安全操作规程和工艺要求	15	遵守安全操作规程和工艺要求，否则按0分计	
	总分		100		

六 思考与练习

1. 简述离合器的功用。
2. 简述摩擦式离合器的基本组成。
3. 什么是离合器踏板的自由行程？简述调整离合器踏板自由行程的步骤。

学习任务3 离合器压盘与离合器片的检查

 学习目标

★ 知识目标

1. 理解离合器的结构组成，熟悉离合器压盘与离合器片的检查步骤；
2. 查询维修资料，获取所需要的紧固力矩和操作步骤；
3. 掌握对传动系统进行维护作业的步骤。

★ 技能目标

1. 能正确进行离合器压盘与离合器片的拆装；
2. 能正确进行离合器压盘的检查；
3. 能正确进行摩擦片检查。

 建议课时

4课时。

 任务描述

一辆克鲁兹(1.6L)轿车，客户反映，车辆在起步时动力不能全部传到驱动车轮，起步困难；行驶时，车速不能提高，动力不足。经检查确认为离合器打滑，对此车辆进行维修。

一 理论知识准备

❶ 摩擦离合器的结构类型

1)按从动盘的数目分

按从动盘的数目不同,摩擦离合器可以分为单片离合器和双片离合器。轿车、客车和部分中、小型货车多采用单片离合器,因为发动机的最大转矩一般不是很大,单片从动盘就可以满足动力传递的要求。双片离合器由于增加了一片从动盘,使得在其他条件不变的情况下,比单片离合器所能传递的转矩增大一倍(由于一个从动盘是两个摩擦面传递动力,而两个从动盘则是四个摩擦面传递动力),多用于重型车辆上。

2)按压紧弹簧的形式分

按压紧弹簧的形式不同,摩擦离合器可以分为周布弹簧离合器、中央弹簧离合器和膜片弹簧离合器。周布弹簧离合器和中央弹簧离合器采用螺旋弹簧,分别沿压盘的圆周和中央布置;膜片弹簧离合器采用膜片弹簧,目前应用最广泛。

❷ 膜片弹簧离合器

膜片弹簧离合器目前在各种类型的汽车上都广泛应用。膜片弹簧离合器由主动部分、从动部分、压紧机构和操纵机构组成(操纵机构本任务不进行介绍)。其构造如图3-1~图3-3所示。

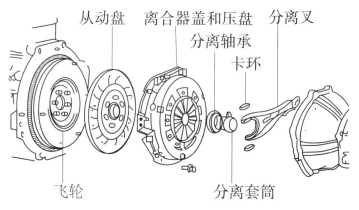

图3-1 膜片弹簧离合器分解图

主动部分由飞轮、离合器盖和压盘组成。离合器盖通过螺栓固定在飞轮上,为了保持正确的安装位置,离合器盖通过定位销进行定位。压盘与离合器盖之间通过周向均布的三组或四组传动片来传递转矩。传动片用弹簧钢片制成,每组两片,一端用铆钉铆接在离合器盖上,另一端用螺钉连接在压盘上。

项目二　离合器维修

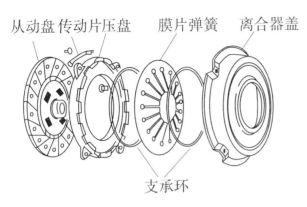

图 3-2　膜片弹簧离合器盖和压盘分解图

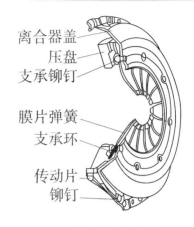

图 3-3　膜片弹簧离合器盖和压盘

从动部分包括从动盘和从动轴,从动盘一般都带有扭转减振器。发动机传到传动系统的转速和转矩是周期性变化的,使传动系统产生扭转振动;这将使传动系统的零部件受到冲击性交变载荷,使寿命下降、零件损坏。采用扭转减振器可以有效地防止传动系统的扭转振动。带扭转减振器的从动盘的结构和原理如图 3-4 所示。

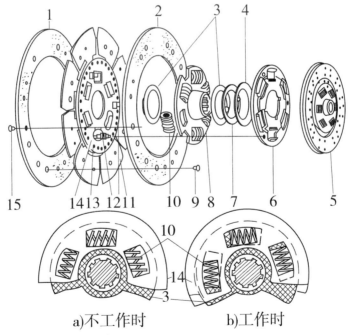

图 3-4　带扭转减振器的从动盘

1、2—摩擦片;3—摩擦垫圈;4—碟形垫圈;5—从动盘总成;6—减振器盘;7—摩擦板;8—从动盘毂;9、13、15—铆钉;10—减振弹簧;11—波浪形弹簧钢片;12—止动销;14—从动盘钢片

从动盘钢片外圆周铆接有波浪形弹簧钢片,摩擦片分别铆接在弹簧钢片上,从动盘钢片与减振器盘铆接在一起,这两者之间夹有摩擦垫圈和从动盘毂。从动盘毂、从动盘钢片和减振器盘上都有6个圆周均布的窗孔,减振弹簧装在窗孔中。

当从动盘受到转矩时,转矩从摩擦片传到从动盘钢片,再经减振弹簧传给从动盘毂,此时弹簧将被压缩,吸收发动机传来的扭转振动。

压紧机构是膜片弹簧,其径向开有若干切槽,形成弹性杠杆。切槽末端有圆孔,固定铆钉穿过圆孔,并固定在离合器盖上。膜片弹簧两侧装有钢丝支承环,这两个钢丝支承环是膜片弹簧工作时的支点。膜片弹簧的外缘通过分离钩与压盘联系起来。

膜片弹簧离合器的工作原理如图3-5所示。当离合器盖未安装到飞轮上时,膜片弹簧不受力而处于自由状态,此时,离合器盖与飞轮之间有一距离S(图3-5a);当离合器盖通过螺栓固定在飞轮上时,膜片弹簧在支承环处受压产生弹性变形,此时膜片弹簧的外圆周对压盘产生压紧力使离合器处于接合状态(图3-5b);当踩下离合器踏板时,分离轴承推动膜片弹簧,使膜片弹簧以支承环为支点外圆周向后翘起,通过分离钩拉动压盘后移使离合器分离(图3-5c)。

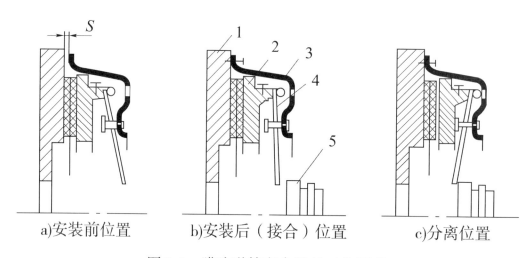

图3-5 膜片弹簧离合器的工作原理

1-飞轮;2-压盘;3-离合器盖;4-膜片弹簧;5-分离轴承

由此可以看出,膜片弹簧既是压紧弹簧,又是分离杠杆,其使结构简化了。另外,膜片弹簧的弹簧特性优于圆柱螺旋弹簧,所以,膜片弹簧离合器的应用越来越广泛,在各种车型上都有应用。

二 任务实施

(一)准备工作

(1)工具和材料:干净的抹布、常用工具、举升机、百分表、千分尺、液压机、《维修手册》。

(2)工作服装:标准作业着装。

(3)车辆:按小组准备数个离合器总成。

(二)技术要求与注意事项

(1)拆卸离合器盖时,要防止离合器总成跌落,以免砸伤人。

(2)严禁用压缩空气、刷子清除离合器上的石棉尘。

(3)按照相关法规,应收集并妥善处理石棉尘或含石棉的液体。

(三)操作过程

1 离合器从动盘的测量、更换标准及压盘的检测

1)从动盘的检查

(1)先目视检查,看从动盘摩擦片是否有裂纹、铆钉外露、减振器弹簧断裂、花键毂磨损等严重情况,如果有则更换从动盘。

(2)再检查从动盘的端面圆跳动(图3-6)。在距从动盘外缘2.5mm处测量,离合器从动盘最大端面圆跳动为0.4mm。

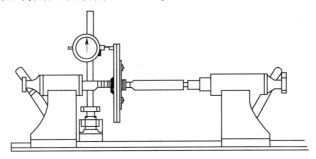

图3-6 检查从动盘的端面圆跳动

(3)最后检查从动盘摩擦片的磨损程度(图3-7)。摩擦片的磨损程度可用游标卡尺进行测量。铆钉头埋入深度应不小于0.30mm。

2)压盘的检查

(1)压盘若出现翘曲、破裂或过度磨损,应及时更换。

(2)离合器压盘平面度不应超过0.2mm,检查方法是用刀口尺压在压盘上,然后用厚薄规测量(图3-8)。

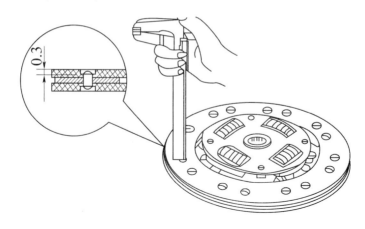

图3-7　检查从动盘摩擦片的磨损程度

❷ 膜片弹簧的检查

1)膜片弹簧磨损的检查

用游标卡尺测量膜片弹簧与分离轴承接触部位磨损的深度和宽度,如图3-9所示。深度应小于0.6mm,宽度应小于5mm,否则应更换。

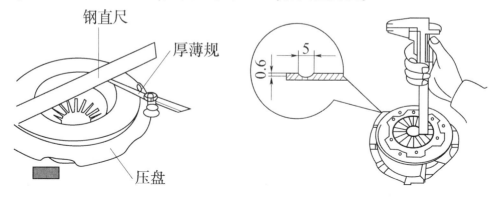

图3-8　压盘的检查　　　　图3-9　膜片弹簧磨损的检查

2)膜片弹簧变形的检修

用专用工具盖住分离指内端,然后,用厚薄规测量弹簧内端与专用工具之间的间隙。弹簧内端应在同一平面内,间隙不应超过0.5mm。否则,用维修工具将变形过大的弹簧分离指翘起,以进行调整。

❸ 分离轴承检查

分离轴承检查如图3-10所示。

(1)一面用手旋转轴承,一面施加轴向压力,有没有出现异常声音。

注意:轴承是永久润滑的,不需要擦拭或者润滑。

(2)握住轴承毂和轴承外壳,上下左右移动,确认自动定心机构没有卡住。轴承毂和轴承壳要能向各方向移动约1mm(0.039in)。如发现故障,则更换分离轴承。

❹ **实车检查**

离合器结构的拆卸和检查,如图3-11所示。

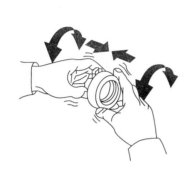

图3-10 分离轴承检查　　图3-11 离合器结构的拆卸和检查

1)拆卸离合器外壳和离合器盘

(1)将离合器外壳和飞轮放在一起,做好装配记号。

(2)松开定位螺栓几圈。如此反复,直至离合器外壳上没有弹簧压力,然后拆下外壳和离合器盘。

注意:在拆卸过程中,一定要注意防止离合器跌落(螺栓对角拆卸);离合器上不能沾上油污和其他异物。

2)检查离合器摩擦片是否有损坏。

(1)测量摩擦片铆钉的深度,最小深度为0.3mm。

(2)检查摩擦片是否有异常损坏,检查花键毂齿槽是否有磨损或损坏,将离合器与变速器的输入轴配合,确保没有过分松动或卡住(图3-12)。

图3-12 检查离合器摩擦片是否有损坏

注意:如果离合器摩擦片有过度磨损,离合器从动盘需要更换,分离轴承发卡、异响需要更换;如果离合器从动盘磨损极度严重,要检查飞轮和压盘相互结合部件,发现摩擦损伤,必须磨平修复。有必要时可以进行更换。

三 学习拓展

双离合变速器(DCT)技术的发展前景及推广应用

由于DCT是基于平行轴式手动变速器发展而来的,因此,它在继承了手动变速器传动效率高、安装空间紧凑、质量轻、价格低等优点的同时,又具有自动变速器起步和换挡品质优良的特性,具有广阔的发展前景和推广应用的显著优势,主要表现在以下几个方面。

(1)DCT几乎不受传递功率的限制,可以广泛应用于各种车辆。

(2)DCT的生产成本低。

(3)由于DCT是基于手动变速器发展而来,动力传递仍然是依靠离合器和齿轮,复杂程度低;国内的齿轮传动零部件制造技术比较成熟,大多数变速器生产厂家有一定的技术基础,为发展DCT技术提供了条件。

(4)DCT的生产装置可通过对现有的手动挡变速器生产线稍加改造便可使用,因此,对于手动变速器生产厂家产品升级过程周期短,新增投资较少,生产继承性好。

(5)由于变速器的需求范围很广,DCT技术(齿轮传动技术+自动控制技术)的应用将不仅只限于汽车变速器,在其他运输机械行业,也能产生同样应用的效应。

(6)我国汽车工业起步较晚,现阶段的生产线也多以生产手动挡变速器为主,在自动变速器正处于高增长期的今天,国产汽车的自动变速器主要还是在依靠进口,因此,发展DCT产品对提高我国自动变速器的自主开发能力必将会产生积极的推动作用。同时,也与我国工业基础相适应。

(7)DCT既继承了手动变速器传动效率高、安装空间紧凑、质量轻、价格便宜等许多优点,又完全实现了换挡过程的动力换挡,即在换挡过程中不中断动力。作为新型离合控制技术,DCT的核心技术目前仅掌握在美国博格华纳(Borg Warner)和德国舍弗勒(Schaemer)集团手中。

四 评价与反馈

❶ 自我评价

(1)通过本任务的学习,你是否已经知道以下问题:

①分离轴承的作用是什么？_____
②膜片弹簧的作用是什么？_____
③如何判断摩擦片是否需要更换？_____
④如何在实车上拆下离合器摩擦片？_____
(2)本任务的学习过程中用到了哪些设备？

_____

(3)实训过程完成情况如何？

_____

(4)通过本任务的学习，你认为自己的知识和技能还有哪些欠缺？

_____

签名：_____　　　　____年____月____日

❷ **小组评价**（表3-1）

小组评价表　　　　　　表3-1

序号	评价项目	评价情况
1	着装是否符合要求	
2	是否能合理规范地使用仪器和设备	
3	是否按照安全和规范的流程操作	
4	是否遵守学习、实训场地的规章制度	
5	是否能保持学习、实训场地整洁	
6	团结协作情况	

参与评价的同学签名：_____　　____年____月____日

❸ **教师评价**

_____

_____

教师签名：_____　　　　____年____月____日

五　技能考核

根据学生完成实训任务的情况对学习效果进行评价。技能考核标准见表3-2。

技 能 考 核 标 准　　　　　　　　表 3-2

序号	项目	操作内容	规定分	评分标准	得分
1	着装规范	穿戴工作服、防护用品	5	每一项未完成扣1分,扣完为止	
2	准备工作	车辆、工量具到位,场地清洁	10	工作准备每一项未完成扣2分,扣完为止	
3	离合器压盘拆装	拆装	30	按照正确拆装步骤每一项未完成扣5分,扣完为止	
4	离合器片的拆装	拆装并检测离合器片	30	按照正确拆装步骤每一项未完成扣5分,扣完为止	
5	工位整理	工量具、设备、场地整理	10	工具整理。场地清洁每一项未完成扣2分,扣完为止	
6	安全作业	遵守安全操作规程和工艺要求	15	遵守安全操作规程和工艺要求,否则按0分计	
	总分		100		

六　思考与练习

1. 简述摩擦式离合器的结构类型。
2. 简述离合器从动盘的检查步骤。
3. 简述离合器分离轴承的检查方法。

项目二 离合器维修

学习任务4 离合器主缸与工作缸的拆装

 学习目标

★ 知识目标

1. 掌握离合器主缸和工作缸位置与作用；
2. 掌握离合器主缸和工作缸的工作原理；
3. 掌握离合器主缸和工作缸排空的作用。

★ 技能目标

1. 能在汽车上找出离合器主缸和工作缸的具体位置；
2. 能在汽车上正确进行离合器主缸和工作缸的拆卸与安装；
3. 能在汽车上进行离合器主缸和工作缸的排空操作。

 建议课时

6课时。

一辆别克凯越(1.6L)轿车，客户反映离合器踏板踩下去没有感觉，不能起步和换挡，经判断怀疑是离合器工作缸漏油导致离合器不能工作，需要对离合器主缸与工作缸进行检查，如有必要应进行拆装，确定故障部位，并对其维修、调整。

一 理论知识准备

（一）离合器主缸与工作缸

液压式离合器操纵系统由离合器踏板、离合器主缸、离合器工作缸、油管、分离轴承、分离叉和储液罐等组成。离合器主缸结构如图4-1所示。

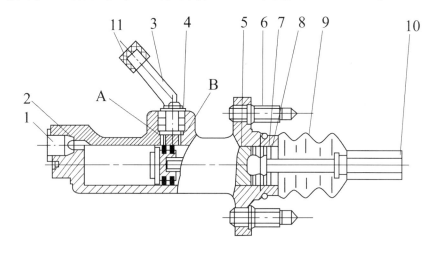

图4-1　离合器主缸结构

1-保护塞；2-壳体；3-管接头；4-皮碗；5-阀芯；6-固定螺栓；7-卡簧；8-挡圈；9-护套；10-推杆；11-保护套；A-补偿孔；B-进油孔

在车辆的长期使用过程中，由于离合器主缸及工作缸内活塞上的橡胶皮碗与缸筒内壁磨损，导致主缸与工作缸内液压油产生内泄，使油压下降、漏油，从而导致离合器分离不彻底、挂挡困难等故障。因此，应及时更换主缸或工作缸，以保证该系统能够正常工作。

离合器主缸（总泵）的结构

离合器工作缸结构如图4-2所示，工作缸内装有活塞、皮碗、推杆等，缸体上还设有放气螺塞。当管路内有空气而影响操纵时，可拧松放气螺塞进行放气。工作缸活塞直径略大于主缸活塞直径，故液压系统稍有增力作用，以补偿液流通道的压力损失。

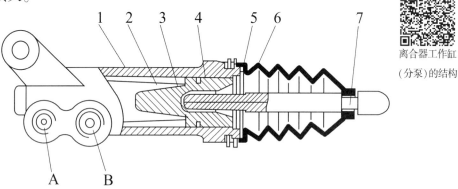

离合器工作缸（分泵）的结构

图4-2　离合器工作缸结构

1-壳体；2-活塞；3-管接头；4-皮碗；5-挡圈；6-保护套；7-推杆；A-放气孔；B-进油孔

(二)离合器液压操纵系统的拆装、检修

1 离合器主缸的拆卸与分解

(1)拆卸。取下离合器踏板与主缸推杆叉的连接销轴。从主缸上拧下进油管和出油管接头。拧下主缸固定螺栓,拉出主缸。

在解体离合器主缸前,应排净主缸中的制动液。

(2)分解。取下防尘罩,用旋具或卡环钳拆下卡环,拉出主缸推杆、压盖和活塞。

2 离合器工作缸的拆卸与分解

(1)拆卸。拧下工作缸进油管接头,再拆下工作缸固定螺栓,即可拉出工作缸。

(2)分解。拉出工作缸推杆,拆下防尘罩,然后用压缩空气将工作缸活塞从缸筒内压出来。

3 离合器主缸、工作缸的检修

主缸和工作缸是离合器液压操纵系统的主要部件,其工作性能的好坏直接影响离合器的工作性能。当出现缸筒内壁磨损超过0.125mm,活塞与缸筒的间隙超过0.20mm,皮碗老化及复位弹簧失效等情况时,应更换相应零件。

4 离合器主缸、工作缸的装配

主缸和工作缸的装配,按拆卸与分解相反顺序进行,但装配时应注意以下事项。

(1)零件在装配前要用非腐蚀性液体清洗干净,并在活塞、皮碗、挡圈、缸套等零件上涂一层制动液。装合后推杆在缸筒内运动应灵活。在不踩离合器踏板(不工作)时,主缸皮碗和活塞头部应位于进油孔和补偿孔之间,两孔都开放。工作缸上带有塑料支承环,安装时外表面要涂上一层薄薄的润滑油,工作缸推杆末端也要涂上润滑脂。

(2)安装离合器工作缸时,需要用一个适当的杠杆克服弹簧的弹力,将其压向变速器壳相应的孔中后,方能将固定螺栓旋入。

(三)离合器常见故障

1 离合器打滑

1)现象

汽车在起步时,离合器踏板抬得很高才能勉强起步;行驶中发动机加速时,

离合器打滑

车速却不能随之提高,这些都属离合器打滑现象。

2)原因及处理

(1)液压操纵式离合器打滑,多数是因为离合器踏板自由行程不够,从而造成分离轴承压在分离杠杆或膜片上而随之转动。可调节离合器踏板的返回位置,并调整主缸推杆长度,将推杆调长并与活塞顶住,再将推杆倒转半圈,使主缸推杆与活塞之间留有间隙。然后再调整工作缸调节杆长度,使其伸长,感到分离轴承与分离杠杆或膜片顶住以后,再用调整螺钉调回到二者间隙为 2mm 左右。

(2)对于机械操纵式离合器,离合器踏板自由行程不够,可调整踏板拉杆的工作长度,使分离轴承与分离杠杆或膜片之间的间隙达到规定的数值。

(3)如因离合器摩擦片沾有油污而打滑,可将分离杠杆或膜片调高,增大分离间隙,用绳索或硬木将离合器踏板固定在分离位置上,之后用螺丝刀缠上一层浸过汽油的擦拭布,插进分开的一面,转动飞轮,将油污擦掉,之后再换用干擦布彻底清洁一次。然后用螺丝刀撬开摩擦片的另一面,再进行上述操作。洗净后,重新调整分离杠杆高度即可。

(4)因离合器片烧蚀而打滑时,如摩擦片较厚,可将烧蚀部分打磨掉,并调整分离杠杆高度即可;如摩擦片太薄没有打磨的余地,可用砂纸对折,将砂面朝外,然后用细金属丝穿过摩擦片上的孔,将砂纸固定。之后保持低速小负荷行驶并避免换挡。

(5)因离合器摩擦片破碎而造成打滑甚至接合不上时,可将踏板下端拉杆自由行程调整螺母放松到最大位置,拆下飞轮壳下盖,取下分离杠杆螺母的开口销,将每个分离杠杆高度调整螺母等量放松,使压盘在压盘弹簧作用下向前移动紧压从动盘摩擦片,此时,离合器处在接合状态不能分离,然后挂低挡,以低速小负荷并不换挡将车开回予以修理。此法不适用于膜片弹簧离合器。

❷ 离合器发生异响

1)现象

离合器异响多发生在离合器接合或分离的过程中以及转速变化时,例如,离合器刚接合时有时会有"沙、沙、沙"的响声,接合/分离或转速突然变化时会有"克啦、克啦"的响声等。离合器产生异响是由于某些零件不正常摩擦或撞击造成的,根据异响声音的不同及产生的条件,可判断出异响产生的部位及原因,以采取相应的维修办法。

2）原因及处理

（1）离合器踏板没有自由行程或自由行程过小，此时分离杠杆与分离轴承总是处于接触状态，即使怠速车停也会有异响。这种情况应调整离合器踏板的自由行程。

（2）离合器摩擦片磨损后，使离合器经常处于半接合状态。汽车在行驶中，由于离合器分离轴承转动而引起响声。这种情况可通过调整离合器踏板自由行程予以排除。若通过调整自由行程仍不能消除时，应重新铆接离合器摩擦片。

（3）离合器摩擦片脏污或沾油，加上摩擦生热，逐渐使摩擦片硬化。这时，即使稍有打滑，也会产生异响。此时应清洁摩擦片或更换摩擦片。

（4）离合器从动盘扭转或减振弹簧折断，会产生扭转振动噪声。此时应修理或更换从动盘。

（5）离合器分离轴承缺油时，将产生"吱吱"声。此时应给分离轴承注油或更换分离轴承。

（6）分离杠杆（或膜片弹簧分离指端）不在同一平面时，易使减振弹簧折断，起步时将产生连续打滑，引起振动。此外，离合器弹簧折断、弹力变小，也会发生同样现象。分离杠杆的复位弹簧弹力减弱，会导致离合器分离轴承复位不好，从而造成离合器分离不彻底，产生异响。此时应将分离杠杆的高度调整一致，更换弹簧。

（7）从动盘毂或离合器从动轴花键磨损，应更换从动盘或离合器从动轴。

（8）离合器、变速器、发动机曲轴主轴颈轴线没对准，应予对准。

3 离合器发抖

1）现象

当离合器按正常操作平缓地接合时，汽车不是逐渐而平滑增加速度，而是间断起步，甚至使汽车产生抖动，直至离合器完全接合。

2）原因及维修方法

（1）主、从动盘间压力分布不均。接合式离合器压紧弹簧弹力不均，各分离杠杆调整不一致或膜片弹簧分离指端不平，会使压紧先后时间不一致，压盘受力不均，甚至使压盘歪斜，造成主、从动盘接触不良，引起离合器抖动。此时应更换离合器压紧弹簧、调平分离杠杆。

（2）离合器扭转，减振弹簧弹力变弱。离合器压紧弹簧弹力变弱，膜片弹簧产生裂纹等都会引起离合器接合时发抖。此时应更换弹簧。

（3）离合器摩擦片接触不良，表面硬化或粘上胶状物，容易引起离合器发抖。此时应重新铆接离合器摩擦片。

（4）从动盘翘曲、歪斜和变形时，在离合器接合过程中离合器摩擦片会产生不规则接触，压力不能平顺地增大。此时应校正或更换从动盘。

（5）离合器操纵机构被锁紧或连接松动，离合器片花链毂严重磨损，变速器一轴弯曲等原因也会引起离合器发抖，此时应更换相应零件。

（6）发动机安装松动或变速器一轴与发动机曲轴的中心线不同心时，会产生离合器发抖。这时应紧固发动机或更换零件。

（7）从动盘毂铆钉折断或松动，从动盘钢片断裂，转动件动平衡不符合要求等也会引起离合器发抖。此时应更换零件或重新铆接从动盘毂。

4 离合器踏板沉重

对装有气压助力器或液压助力器的离合器，如踏板沉重，则表明助力系统工作不良。其原因包括：管路系统漏气，主缸或工作缸活塞密封圈磨损，排气阀密封不严等，从而使助力作用减弱。此时应根据上述不同原因修复或更换件。

二 任务实施

1 准备工作

（1）车辆进入工位前，清洁场地，准备工具。

（2）将车辆停驻在举升机平台的中央位置。

（3）拉紧驻车制动器操纵杆，并将变速器操纵手柄置于空挡位置。

（4）打开并支撑发动机舱罩。

（5）放置各种维修防护套和护垫。

（6）调整并支撑举升机支脚到合适位置。

2 技术要求与注意事项

（1）注意不要让油液飞溅到眼睛和脸部，不同质量和品牌的离合器液压油不允许混加。

（2）排空过程中，离合器储液罐内的油液高度应达到规定的液位。

（3）工作完成后要注意检查离合器工作是否正常。

3 操作过程

1）排放液压操纵系统的油液

（1）将塑料软管一端套在放气阀上，另一端接到容器里，使用梅花扳手拧松离合器工作缸上的放气阀。

(2)彻底拧松放气阀,直至液压系统的油液流完。之后,再拧紧放气阀。

(3)取下塑料软管。

2)拆卸离合器主缸

(1)用鲤鱼钳松开主缸进油软管与储液罐端的卡箍,并拔下进油软管,同时用堵头插入进油软管口。

(2)用油管扳手,拧松主缸出油管固定螺栓,然后用手将其旋出,将油管稍稍拉离主缸并用堵头塞住油管。

(3)用尖嘴钳取出推杆与离合器踏板相连端的连接销上的保险装置,然后取下连接销,使推杆与踏板分离。

(4)在驾驶室,用套筒、接杆、棘轮扳手拧松主缸上的两个固定螺母。

(5)用手扶住发动机舱内的主缸,用手旋下主缸上的固定螺母。

(6)将主缸取出,放到工作台上。

3)拆离合器工作缸

(1)用举升机将车辆升到适当的高度,并锁止。

(2)用开口扳手拧松工作缸进油管固定螺栓,然后用手旋出固定螺栓,取下油管。

(3)用堵头堵塞油管口,然后放到工作台上。

(4)用套筒、接杆、棘轮扳手拧松工作缸上的一个固定螺母;然后一手推压工作缸,一手旋下螺栓;将取下的工作缸放到工作台上。

注意:在进行分解离合器主缸、工作缸后进行装复时要涂抹适量润滑脂。

4)液压系统排气(双人配合操作)

(1)将车辆落下,检查储液罐液位,补充油液使液位到 MAX 刻度线稍上位置。

(2)坐进驾驶室,再将车辆举升到适当的位置。

(3)两人配合,一人在车下指挥,喊"踩离合器踏板"时,另一人连续反复踩下离合器踏板;当喊"停"时,应将踏板踩到极限位置。

(4)这时先将塑料软管一端接到放气阀上,另一端接到容器中;拧松放气阀,可看到带有气泡的油液从排气阀喷射出来;排完后将排气阀拧紧。

(5)再重复(3)(4)操作步骤,直到排气阀喷出的油液中不含有气泡为止。

(6)拧紧排气阀。

(7)将车辆落到地面。

(8)检查储液罐液位,液位高度不够时添加到规定位置。

5)车辆检查

(1)将车辆落到离地面20cm的高度,在驾驶室里起动车辆。

(2)踏下离合器踏板,操纵变速杆挂挡,检查变速杆是否轻便、灵活、换挡无异响。

(3)再在各个挡位挂一遍。

(4)再次检查液位的高度。

(5)操作完毕,按现场5S管理要求整理场地。

三 学习拓展

双离合变速器的工作原理及部分公司的产品介绍

双离合自动变速器(DCT)是基于手动变速器基础之上,而与手动变速器所不同的是,DCT中的两组离合器与二根输入轴相连,换挡和离合操作都是通过一集成电子和液压元件的机械电子模块来实现,而不再通过离合器踏板操作。就像Tiptronic液力自动变速器一样,驾驶员可以手动换挡或将变速杆处于全自动D挡(舒适型,在发动机低速运行时换挡)或S挡(任务型,在发动机高速运行时换挡)模式。此种模式下的换挡通常由挡位和离合执行器实现,两组离合器各自与不同的输入轴相连。如果离合器1通过实心轴与挡位1、3、5相连,那么离合器2则通过空心轴与挡位2、4、6和倒挡相连,如图4-3所示。

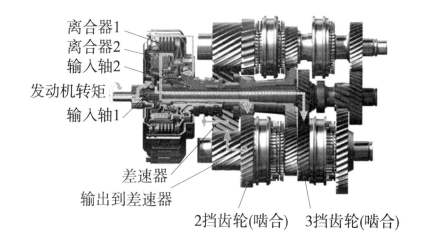

图4-3 双离合变速器原理

发动机的输入轴通过缓冲器与两组离合器外片相连。发动机起动后自动挂

1挡。由于离合器1处于分离状态,因而没有转矩传到驱动轮。当离合器1接合时,离合器1的外片逐渐贴合内片并开始通过第一挡的实心轴、齿轮组和同步器传动发动机转矩至差速器,最终至驱动轮。同时,由于离合器2此时并不传递转矩,因此第二挡已被预先选定。从第一挡换到第二挡时,由于第一挡的解除和第二挡的挂挡在同一速度,车辆有足够的驱动力。当离合器2完全接合后,第三挡已被预先选定,因为此时离合器1没有接合,不传导转矩,挂挡原理依次类推。此时驾驶员仅感觉到离合器转换。对快速换挡操作来说,换下某一挡即意味着与之相连的离合器分离,但此挡位预先选定。通过变速器控制软件的复杂算法,根据驾驶员各自的需要调整换挡类型和换挡速度确保了选定正确挡位。通过设计,双离合变速器中的最大差速小于传统的液力自动离合器,该类离合器操作起来简便快速,与传统的液力自动离合器相比,其舒适感也更高,或不低于液力自动变速器。通过简单的控制软件即可实现从运动型到高舒适型驾乘体验的改变,因此可有效地控制成本以满足不同层次市场、客户的需求。

基于DCT技术的各公司不同的双离合变速器如下。

1) 大众DSG(Direct Shift Gearbox)

提到双离合变速器,大多数车友首先想到的是大众的DSG双离合变速器技术。确实,大众汽车的DSG是当今车坛使用最为普遍也是最先适用于量产的双离合变速器技术,它采用了6个或者7个前进挡的传统齿轮变速器作为动力的传送部件,主要与具有高转矩平台的发动机配合使用。

大众汽车在2002年于德国沃尔夫斯堡首次向世界展示了这一技术创新的代表作品——高尔夫GTI。它的DSG传动轴被分为两条,一条是放于内里实心的传动轴,而另一条则是外面空心的传动轴;内里实心的传动轴连接了1、3、5挡及倒挡,而外面空心的传动轴则连接2、4、6挡,两个离合器各自负责一条传动轴的啮合动作,发动机动力便会由其中一条传动轴做出无间断的传送。从布局上看,这套变速器长度很短(相当于传统6速变速器的一半长度),所以可以用于前置前驱的车型上。

配备了DSG变速器的发动机由于快速的齿轮转换能够马上产生牵引力和更大的灵活性,加速时间比手动变速器更加迅捷。以Golf GTI为例,带有DSG的车型0~100km/h加速时间只需6.9s,这个成绩比手动挡的车型更快,达到最高时速235km的同时也在同一水平;搭载DSG变速器的全新迈腾瞬间加速也有了明显提升,0~100km/h加速时间由9.3s提升至8.3s,足足缩短了1s,最高时速可达230km。

更加令人印象深刻的是，在性能提高的同时，配备DSG的车型百公里油耗与手动挡车型相当，全新迈腾2.0TSI车型相比原来的2.0TSI，百公里综合油耗可降低0.3L以上。

要操控DSG变速器，驾驶员可以利用排挡杆或驾驶盘上的换挡片进行序列式的手动换挡，换挡过程离合器的操作完全交由DSG电脑控制。不论在行驶中使用手动模式，还是处在D或S的自动换挡模式，只要轻拍驾驶盘上的换挡片，DSG立即切换至手动模式且实施换挡程序，没有传统自动变速器急加速时的滞后感。

2）奥迪S-Tronic

S-Tronic技术被称为直接换挡变速器，S-Tronic采用两套离合器串联工作。这种变速器换挡速度极快与普通变速器相比，搭载这种变速器的汽车加速性和节油性大大提高。目前只有奥迪TT和奥迪A3配备了这项技术，可以使得它们在0.2s内完成六个挡位之间的任意切换，且不会切断动力输出。

S-Tronic直接换挡变速器让你享受到不间断的动力传输以及众多的驾驶乐趣。这种创新性变速器融合了手动变速器的运动性以及自动变速器的优势。因此，驾驶者可以自由体验非凡的运动性、经济性或者融合运动性和经济性的个性化组合。

3）福特、沃尔沃 Powershift

Powershift变速器具备两组独立的湿式离合器，并以类似两组手动变速器的方式平行运作。一组离合器负责控制奇数挡位（1、3、5和倒挡），另一组则负责控制偶数挡位（2、4、6挡）。受益于两组湿式离合器的设计，Powershift变速器可承受最高达450N·m的转矩输出，同时理论上也不存在挡位齿比的限制；因此Powershift变速器被原厂视为柴油发动机的最佳搭配选择。

四 评价与反馈

1 自我评价

（1）通过本任务的学习，你是否已经知道以下问题：
① 液压控制离合器主缸的工作原理是什么？_____
② 液压控制离合器工作缸的工作原理是什么？_____
③ 为什么在主缸和工作缸安装完成后要进行排空操作？_____

④如果液压控制离合器工作缸漏油会出现什么问题？_____

(2)本任务的学习过程中用到了哪些设备？

_____

(3)实训过程完成情况如何？

_____

(4)通过本任务的学习,你认为自己的知识和技能还有哪些欠缺？

_____

签名：_____　　　____年____月____日

❷ 小组评价(表4-1)

小组评价表　　　　　　表4-1

序号	评价项目	评价情况
1	着装是否符合要求	
2	是否能合理规范地使用仪器和设备	
3	是否按照安全和规范的流程操作	
4	是否遵守学习、实训场地的规章制度	
5	是否能保持学习、实训场地整洁	
6	团结协作情况	

参与评价的同学签名：_____　　____年____月____日

❸ 教师评价

_____

_____

教师签名：_____　　____年____月____日

五 技能考核

根据学生完成实训任务的情况对学习效果进行评价。技能考核标准见表4-2。

技 能 考 核 标 准 　　　　　表 4-2

序号	项目	操作内容	规定分	评分标准	得分
1	着装规范	穿戴工作服、防护用品	5	每一项未完成扣1分,扣完为止	
2	准备工作	车辆、工量具到位,场地清洁	5	每一项未完成扣2分,扣完为止	
3	离合器主缸的拆装	正确拆装驱动桥总成	30	每一项未完成扣5分,扣完为止	
4	离合器工作缸的拆装	正确检测驱动桥主要零部件	30	每一项未完成扣5分,扣完为止	
5	离合器的排空	正确按照排空步骤操作	10	每一项未完成扣2分,扣完为止	
6	工位整理	工量具、设备、场地整理	15	每一项未完成扣2分,扣完为止	
7	安全作业	遵守安全操作规程和工艺要求	5	遵守安全操作规程和工艺要求,否则按0分计	
总分			100		

六 思考与练习

1. 简述液压控制离合器主缸和工作缸的作用。
2. 简述液压控制离合器主缸和工作缸的工作原理。
3. 简述液压控制离合器液压系统排空操作步骤。

项目三　手动变速器维修

学习任务5　齿轮传动与润滑

学习目标

★ **知识目标**

1. 熟悉变速器的分类、基本结构及原理；
2. 掌握手动变速器齿轮润滑油的相关知识；
3. 掌握检查、更换手动变速器齿轮润滑油的正确操作方法；
4. 掌握检查、更换手动变速器齿轮润滑油的注意事项。

★ **技能目标**

1. 能正确检查手动变速器齿轮润滑油；
2. 能正确更换手动变速器齿轮润滑油。

建议课时

6课时。

汽车运用与维修1+X证书制度——职业技能等级标准

模块:汽车动力与驱动系统综合分析技术

技能大纲:1-1 汽车动力与驱动系统综合分析技术(初级)职业技能

工作任务:变速器系统检查与维护

职业技能	技能要求	知识要求
1.2 手动变速器的检查与维护	1.2.1 能对手动变速器、联动传动器和最终传动部件的油液进行排放和加注,并选用符合厂家要求的油液 1.2.2 能检查手动变速器油液油质 1.2.3 能进行手动变速器总成的拆装	1.2.1 手动变速器、联动传动器和最终传动部件的油液排放和加注流程 1.2.2 手动变速器油质检查细则 1.2.3 手动变速器总成的拆装流程

一辆行驶里程为42000km的丰田卡罗拉汽车做维护,需要进行齿轮油更换,对此车主表示不理解,认为行驶里程才4万多千米没必要更换。作为维修技师,你如何向客户进行解释,并进行更换作业。

一 理论知识准备

汽车在行驶的过程中会改变速度,有时还需要倒车行驶,这时就会有个改变速度和方向的装置——变速器。

变速器是能固定或分挡改变输出轴和输入轴传动比的齿轮传动装置。变速器由传动机构和变速机构组成,可制成单独变速机构或与传动机构合装在同一壳体内。传动机构大多用普通齿轮传动,也有的用行星齿轮传动。普通齿轮传动变速机构一般用滑移齿轮和同步器等。变速器在汽车上的位置如图 5-1 所示。

轿车手动变速器大多为四挡或五挡有级式齿轮传动变速器,并且通常带同步器,换挡方便,噪声小。在操纵手动变速时必须踩下离合器踏板,才能拨得动变速杆,如图 5-2 所示。

图 5-1 汽车变速器位置示意图　　　　图 5-2 手动变速器变速杆

轿车的手动变速器、载货汽车和摩托车的变速器都需要使用齿轮油来润滑。一般来说,摩托车使用一类齿轮油,轿车和载货汽车使用一类齿轮油。高级小轿车很多采用自动变速器,一般使用自动传动液,大多数载货汽车和大客车使用手动变速器油。车辆后桥均使用适合双曲线齿轮的车辆齿轮油。

❶ 变速器的分类

1)按变速器结构分

按变速器结构不同,变速器可分为有级式变速器、无级式变速器和综合式变速器三种。

(1)有级式变速器。有级式变速器是使用最广的一种。它采用齿轮传动,具有若干个定值传动比,按所用轮系形式不同,有轴线固定式变速器(普通变速器)和轴线旋转式变速器(行星齿轮变速器)两种。轿车和轻、中型货车变速器通常有 3～5 个前进挡和 1 个倒挡,在重型货车用的组合式变速器中,则有更多挡位。所谓变速器挡数即指其前进挡位数。图 5-3 所示为手动变速器的构造。

(2)无级式变速器。无级式变速器是指可以连续获得变速范围内任何传动比的变速系统,如图 5-4 所示。通过无级变速可以得到传动系与发动机工况的最佳匹配。常见的无级变速器有液力机械式无级变速器和金属带式无级变速器(VDT-CVT)。

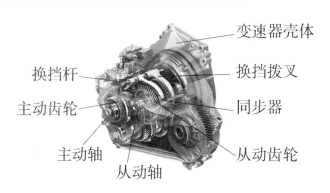

图5-3 手动变速器的构造

(3)综合式变速器。综合式变速器是指由液力变矩器和齿轮式有级变速器组成的液力机械式变速器,如图5-5所示。其传动比可在最大值与最小值之间的几个间断的范围内作无级变化,目前应用较多。

图5-4 无级式变速器　　　　图5-5 综合式变速器

2)按变速器操纵方式分

按变速器操纵方式不同,变速器可分为手动变速器、自动变速器和手动自动一体变速器三种。

(1)手动变速器。手动变速器(Manual Transmission,简写MT)是通过驾驶员用手操纵变速杆来选定挡位并直接操纵变速器的换挡机构进行挡位变换。齿轮式有级变速器大多数都采用这种换挡方式。

(2)自动变速器。自动变速器(Automatic Transmission,简写AT)的自动控制系统根据发动机的负荷和车速的变化情况自动地选定挡位并进行挡位变换,即自动地改变传动比。驾驶员只需要操纵加速踏板控制车速。

(3)手动自动一体变速器。这种变速器可以自动换挡,也可以手动换挡,比较典型的如奥迪A6的Tiptronic,上海帕萨特1.8T也装有手动自动一体变速器。

❷ 功能

(1) 改变传动比,满足不同行驶条件对牵引力的需要,使发动机尽量工作在有利的工况下,满足可能的行驶速度要求。在较大范围内改变汽车行驶速度的大小和汽车驱动轮上转矩的大小。由于汽车行驶条件不同,要求汽车行驶速度和驱动转矩能在很大范围内变化。例如,在高速路上车速应能达到100km/h,而在市区内,车速常在50km/h左右。空车在平直的公路上行驶时,行驶阻力很小,则当满载上坡时,行驶阻力便很大。而汽车发动机的特性是转速变化范围较小,而转矩变化范围更不能满足实际路况需要。

(2) 实现倒车行驶,用来满足汽车倒退行驶的需要。实现倒车行驶汽车,发动机曲轴一般都是只能向一个方向转动的,而汽车有时需要能倒退行驶,因此,往往利用变速器中设置的倒挡来实现汽车倒车行驶。

(3) 中断动力传递,在发动机起动,怠速运转,汽车换挡或需要停车进行动力输出时,中断向驱动轮的动力传递。

(4) 实现空挡,当离合器接合时,变速器可以不输出动力。例如,可以保证驾驶员在发动机不熄火时松开离合器踏板,离开驾驶员座位。

❸ 普通齿轮传动的基本原理

普通齿轮变速器是利用不同齿数的齿轮啮合传动来实现转矩和转速的改变。

齿轮传动的基本原理如图5-6所示。一对齿数不同的齿轮啮合传动时可以实现变速,而且两齿轮的转速比与其齿数成反比。设主动齿轮转速为n_1,齿数为z_1;从动齿轮转速为n_2,齿数为z_2。主动齿轮(即输入轴)转速与从动齿轮(即输出轴)转速之比值称为传动比,用字母i_{12}表示。即由齿轮1传到齿轮2的传动比为

$$i_{12} = \frac{n_1}{n_2} = \frac{z_2}{z_1}$$

当小齿轮为主动齿轮,带动大齿轮转动时,输出转速降低,即$n_2 < n_1$,转矩增大,即$T_2 > T_1$,称为减速增矩传动,此时传动比$i > 1$,如图5-6a)所示;大齿轮驱动小齿轮时,输出转速升高,即$n_2 > n_1$,转矩减小,即$T_2 < T_1$,称为增速减矩传动,此时传动比$i < 1$,如图5-6b)所示。这就是齿轮传动的变速原理。汽车变速器就是根据这一原理利用若干大小不同的齿轮副传动而实现变速的。

图5-7所示为两级齿轮传动示意图,齿轮1为主动齿轮,驱动齿轮2转动,齿轮

3 与齿轮 2 固连在一起,再驱动齿轮 4 转动并输出动力,此时由 1 传到 4 的传动比为

$$i_{14} = \frac{n_1}{n_4} = \frac{z_2 z_4}{z_1 z_3} = i_{12} i_{34}$$

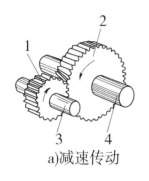

a) 减速传动　　b) 增速传动

图 5-6　齿轮传动的基本原理
1-主动齿轮;2-从动齿轮;3-输入轴;4-输出轴

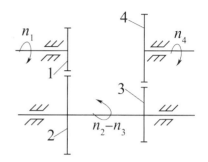

图 5-7　两级齿轮传动示意图
1、3-主动齿轮;2、4-从动齿轮

因此,可以总结为多级齿轮传动的传动比为

$$i = \frac{\text{所有从动齿轮齿数的乘积}}{\text{所有主动齿轮齿数的乘积}} = \text{各级齿轮传动比的乘积}$$

对于变速器,各挡的传动比 i 就是变速器输入轴转速与输出轴转速之比。即

$$i = \frac{n\text{输入}}{n\text{输出}} = \frac{T\text{输出}}{T\text{输入}}$$

当 $i > 1$ 时, n 输出 $<n$ 输入, T 输出 $>T$ 输入,此时实现降速增矩,为变速器的低挡位,且 i 越大,挡位越低;

当 $i = 1$ 时, n 输出 $=n$ 输入, T 输出 $=T$ 输入,为变速器的直接挡;

当 $i < 1$ 时, n 输出 $>n$ 输入, T 输出 $<T$ 输入,此时实现升速降矩,为变速器的超速挡。

某车型五挡手动变速器各挡的传动比见表 5-1。其 Ⅰ~Ⅲ挡为降速挡,Ⅳ挡为直接挡,Ⅴ挡为超速挡。

某车型五挡手动变速器各挡的传动比　　　　表 5-1

挡位	Ⅰ	Ⅱ	Ⅲ	Ⅳ	Ⅴ
传动比	3.455	1.944	1.286	0.969	0.800

4　变速器的用油与换油

汽车齿轮油在使用过程中一般采取定期的换油,换油期要看油的质量和使用条件。一般新齿轮第一次换油要采取早期换油,以便排出初期磨损粉末,建议

第一次在1500km换油,第二次3000km,以后10000km以上再换油。一般齿轮润滑除了受到运转温度、速度、负荷、给油方式、给油量影响外,还受齿轮形式、材质、加工精度、表面处理等机械因素和环境尘土等条件的影响。车辆齿轮油换油时,应注意以下几个问题。

1)车辆齿轮传动机构的工作特点及对齿轮油的性能要求

车辆传动装置中的齿轮在工作过程中受力非常复杂,且齿面要以很高的速度滑移,产生强烈的摩擦,使得齿面局部温度骤升,很容易出现烧结、熔焊(胶合)等损伤。在如此苛刻的工况下,齿轮油必须满足如下性能要求。

(1)良好的极压性。在摩擦面接触压力非常高、油膜容易破裂的润滑条件下,能够防止烧结、熔焊(胶合)等摩擦面损伤。

(2)适当的黏度。车辆齿轮在正常运转条件下,齿面经常处于弹性流体动力润滑状态,此时,齿轮油的黏度对承载能力有重要影响。油的黏度高,弹性流体动力润滑油膜厚,齿轮油的承载能力高,有利于齿面保护。但是,黏度不是越高越好,要求齿轮油的黏度要适当。

(3)良好的黏温性能。随着工作温度的变化,齿轮油黏度变化要尽可能小,以保证在低温时具有足够的流动性,在齿轮转动时有足够量的油带到齿面及轴承,防止出现损伤。在高温时黏度不致降低太多,要能形成足够厚的润滑油膜。

(4)车辆齿轮油除以上性能要求外,还应具有良好的热氧化安定性、抗泡性,对金属腐蚀性要小,储存安全性要好等。

2)车辆齿轮油的分类

车辆齿轮油采用性能分类和黏度分类两种方法。目前,世界各国广泛采用美国石油学会(API)性能分类和美国军用齿轮油规格标准,我国也等效采用上述分类和规格标准,参照1982年美国API汽车变速器和驱动桥润滑剂性能分类制定了我们国家标准,现行标准为《润滑剂有关产品(L类)的分类 第7部分:C组(齿轮)》(GB 7631.7—1995),见表5-2、表5-3。

API 汽车齿轮油分类标准 表5-2

API 规格	使用条件	使用对象	添加剂	相关标准
GL-1 或 GL-2	低压和低滑动速度	螺旋伞齿轮、蜗轮、蜗杆、某些载货汽车手动变速器	无极压剂,无摩擦改进剂	—

续上表

API 规格	使用条件	使用对象	添加剂	相关标准
GL-3	中等滑动速度和负荷	螺旋伞齿轮,少数手动变速器	低极压剂	—
GL-4	滑动速度和负荷苛刻	双曲线齿轮,多数载货汽车、轿车手动变速器	中、高极压剂,有的加摩擦改进剂	MIL-L-2105
GL-5	压力、冲击负荷和滑动速度等条件都非常苛刻	双曲线齿轮,许多载货汽车和轿车的手动变速器	高极压剂,有的加有摩擦改进剂	MIL-L-2105B

我国汽车齿轮油分类标准 表5-3

代号	商品名称	组成、特性	作用部位	API 代号
CLC	普通车辆齿轮油	精制矿油加抗氧剂、防锈剂、抗泡剂和少量极压剂等组成	手动变速器、螺旋伞齿轮驱动桥	GL-3
CLD	中负荷车辆齿轮油	精制矿油加抗氧剂、防锈剂、抗泡剂和少量极压剂等制成	手动变速器、螺旋伞齿轮和使用条件不太苛刻的准双曲线齿轮驱动桥	GL-4
CLE	重负荷车辆齿轮油	添加剂类型和GL-4相同,但主剂加剂量增大一倍	操作条件缓和或苛刻的准双曲线齿轮及其他各种齿轮的驱动桥,也可用于手动变速器	GL-5

美国石油学会(API)将车辆齿轮油按使用性能分为 GL-1、GL-2、GL-3、GL-4、GL-5 和 GL-6 六类。其性能水平顺序逐级提高。其中,使用较多的是 GL-4 和 GL-5 两类。近年来,API 还提出了两种新使用性能分类规格,一种是 PG-1,适用于重载、高温(可达150℃)手动变速器(载货汽车与公共汽车用);另一种 PG-2,适用于有高偏置的重载轴齿轮传动(重型载货汽车最后一级传动用)。这两种新规格还要求能满足对清净分散性、密封寿命与同步啮合腐蚀极限的更高要求。

由于 GL-1、GL-2、GL-3 都已属于淘汰型号,因此下面主要介绍 GL-4、GL-5 齿轮油,简单介绍 GL-6。

GL-4:在高速低转矩,低速高转矩下操作的各种手动变速器、螺旋齿轮,特别是客车和其他各类车辆用螺旋伞齿轮和使用的双曲线齿轮,规定用 GL-4 类齿轮油。

GL-5:在高速冲击负荷,高速低转矩操作下的各种齿轮,特别是客车或苛刻的其他车辆用的双曲线齿轮,规定用双曲线齿轮及其他 GL-5 类齿轮油。

GL-6:在高速、冲击负荷下工作的各种齿轮,特别是客车和各类车辆用的高偏置双曲线齿轮(偏置量大于 2.0 英寸或接近大齿圈直径的 25%)规定用 GL-6 类齿轮油。

根据季节选择齿轮油的标号(黏度级)。齿轮油的标号 75W、80W、85W、90 和 140 号分别适用于最低气温为 -40℃、-20℃、-12℃、-10℃、10℃ 的地区,应对照当地冬季最低气温适当选用。

近年来,由于进口品牌的齿轮油在国内大量生产并销售,国内市场上出售的齿轮油基本上都使用国际标准的标号,即 SAE 黏度分级标号和 API 质量分级标号。按照国际标准为汽车选用齿轮油就可以保证汽车使用的要求。

旧牌号国产齿轮油与 SAE 规格、API 规格对应关系及使用范围,国产齿轮油使用范围 相对应的 SAE 规格(按黏度分类)相对应的 API 规格(按质量分级)如下。

(1) 20 号普通齿轮油:冬季使用于一般汽车的齿轮传动装置上,SAE90 GL-2。

(2) 30 号普通齿轮油:长江以南地区全年,长江以北地区,夏季使用于一般汽车的齿轮传动装置,SAE140 GL-2。

(3) 22 号渣油型双曲线齿轮油:冬季使用于具有准双曲面齿轮传动装置的汽车上,SAE90 GL-3。

(4) 28 号渣油型双曲线齿轮油:夏季使用于具有准双曲面齿轮传动装置的汽车上,SAE140 GL-3。

(5)18号馏分型双曲线齿轮油:用于气温在-10~30℃地区,具有准双曲面齿轮传动装置的汽车上,SAE90 GL-4。

(6)26号馏分型双曲线齿轮油:用于气温在32℃以上地区,具有准双曲面齿轮传动装置的汽车上,SAE140 GL-4。

(7)13号馏分型双曲线齿轮油:用于气温在-35~-10℃严寒地区,具有准双曲面齿轮传动装置的汽车上,SAE85W GL-5。

3)车辆齿轮油的选用

齿轮油的正确选用包括:一要根据齿轮类型和工作条件确定油品质量档次;二要根据最低使用环境温度和齿轮传动装置的运行最高温度来确定黏度等级(牌号)。

(1)质量档次的选择。车辆的手动变速器齿轮都是圆柱直齿轮或斜齿轮,负荷一般低于2 000MPa,转速较快,容易形成流体(轻负荷)或弹性流体(重负荷)润滑油膜,同时,各挡齿轮交替工作,所以,工作条件比主减速器温和,选用含非活性抗磨剂的或少量极压抗磨剂的普通车辆齿轮油即能满足润滑要求。

(2)黏度等级的选择。车辆齿轮油黏度等级的选择主要依据是使用环境温度。我国南方地区可选用90号或140号油,东北及西北寒区宜选用80W/90或75W/90号油,其余中部地区宜选用85W/90或85W/140号油。

(3)注意事项。选择油品时,一定不要把内燃机油、液压油等其他油品加入齿轮箱中,以免造成极压抗磨性能不足。选用高质量的品牌,高质量的品牌车辆油不仅可以有效保护齿轮,降低磨损,使车辆运行更轻松,节约燃油,同时可以延长油品使用寿命,降低保养及维修费用。由于变速器和后桥齿轮的材质和结构不同,要分开选油,以保证变速器密封件不泄露,铜部件不腐蚀及后桥齿轮得到充分的润滑。换油时建议参考《汽车使用手册》或《维修手册》,换油时应当注意以下几个方面。

①只有当发动机关闭,车辆停在平地,而变速器必须是冷时,才能检查液位。

②拆卸加油器塞子以检查液位。变速器油应该在加油器孔的底部。如果油位低时,添加变速器油直到开始溢出加油器孔,重新装上塞子;只能使用符合润滑油章节所提供规格的油品;安装塞子之后,目视检查变速器外壳是否有渗漏或损坏。

③行驶之后,变速器油温度可能很高,很容易烧伤。检查液位之前,先等到变速器油和加油器塞子冷却。

④车辆齿轮油的选用原则主要根据驱动桥类型、工况条件、负荷及速度等确定油品使用的质量等级,根据最低环境使用温度和传动装置最高操作温度来确

定油品黏度等级。

一般情况下,螺旋伞齿轮驱动选用GL-3,如解放牌、跃进牌汽车;中等速度和负荷的单级准双曲面齿轮,齿面平均接触应力在1500MPa以下,对国产汽车后桥选用GL-4或GL-5车辆齿轮油,如东风牌汽车、北京吉普;高速重载双曲线齿轮、齿面接触应力高达2000~4000MPa,滑动速度为10m/s,如上海、红旗、桑塔纳轿车及各种进口车,必须选用GL-5车辆齿轮油。

4)变速器油的检查与更换

对变速器齿轮油进行检查与更换前,应先仔细观察变速器有无明显漏油现象,齿轮油液有无明显下降现象,油封、密封垫圈有无老化、破损等现象。对变速器齿轮油的检查与更换步骤如下。

(1)预检。

(2)关闭发动机,车辆停在平地,使变速器冷却。

(3)拆卸加油口盖。

(4)拆卸放油螺塞排放旧油液。

(5)重新装上放油螺塞。

(6)加注变速器齿轮油,直到油液慢慢开始溢出加油口后重新装上加油口盖。

(7)起动汽车,目视检查变速器外壳是否有渗漏或损坏,目视加油孔、放油孔是否有渗漏。

(8)熄火,操作挡位,从1挡到5挡再到倒车挡依次换挡,后又从倒挡到5挡到1挡换挡一次。

(9)等变速器冷却检查油液液位高度,不足时适当补充。

(10)清理工具,打扫现场。

在变速器齿轮油检查与更换过程中应当注意选择适合本车型的油液黏度,如果黏度选择过大,会使摩擦面过热,也会造成不必要的动力损耗,如果黏度选择过小,由于离心力的作用将油从齿面甩掉,容易造成油封漏油,可能在齿轮面上形成贫油润滑,从而磨损加大,甚至会产生烧结现象。

二 任务实施

1 准备工作

(1)车辆准备:丰田卡罗拉汽车。

(2)工具准备:24mm套筒扳手、棘轮扳手、扭力扳手、接杆、梅花起、抹布、注油机、手动变速器油、油盆、护垫、转向盘套、脚垫、变速器操纵杆套。

(3)《丰田卡罗拉维修手册》。

❷ 技术要求与注意事项

(1)作业时,将车辆停放在平坦的路面上。

(2)安装变速器注油螺栓和新衬垫时需要注意安装力矩。

❸ 操作步骤

(1)拆下底板如图5-8所示。

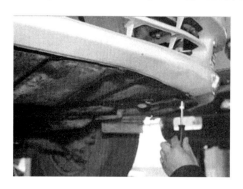

图5-8 拆下底板

(2)检查液位高度,观察齿轮油是否变质,如图5-9所示。

(3)拆变速器放油螺栓,如图5-10所示。

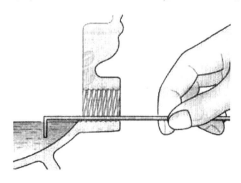

图5-9 检查液位高度

图5-10 拆放油螺栓

(4)按操作规范放出齿轮油,如图5-11所示。观察放出的齿轮油与新齿轮油进行对比。

(5)添加变速器齿轮油,找到变速器加注口,如图5-12所示。加注丰田卡罗拉轿车变速器齿轮油,并按要求添加、拧紧加油螺塞,如图5-13所示。

图5-11 放出齿轮油

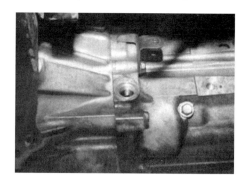

图5-12 变速器齿轮油加注口

(6)起动发动机,挂入每个挡位运行一段时间,检查变速器是否漏油,如图5-14所示。

图5-13 加注变速器齿轮油

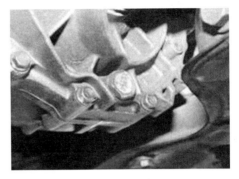

图5-14 检查变速器是否漏油

(7)整理工位。

三 学习拓展

手动变速器油、自动变速器油、无级变速器油的区别

变速器油的作用是润滑、降温和传递动力。但三种主流变速器结构的不同,决定其需要不同方式的润滑,因此,决定了它们需要使用不同性能的变速器油。

❶ 手动变速器油

手动变速器油就是平时说的齿轮油,其作用只是润滑。美国石油学会(API)将车辆齿轮油按使用性能分为GL-1、GL-2、GL-3、GL-4、GL-5、GL-6六类。其中偏重于重载的GL-1、GL-2、GL-3在市面上已经被淘汰,而目前家用车使用的普遍为GL-4、GL-5(GL-6是客车使用的)。

从油品特点上来说,最直观的就是手动变速器油比自动变速器油的黏度要大,更换的周期普遍也比自动变速器油要短一些,多数家用车在4万~6万km更换手动变速器油。

❷ 自动变速器油

自动变速器油是专用的,它有两个作用,除了对行星齿轮组润滑、散热外,更重要的是作是传递动力,所以,它的黏度不像手动变速器油那么"稠",而且它的主要作用是起到液压传动,因此,流动性非常好,抗气泡能力也比手动变速器油的要求更严。

不同型号的自动变速器油是不能混加的,因为不同型号的自动变速器油的流动速率、密度、动态与静态摩擦性能、膨胀系数都有所不同。部分厂家是根据自动变速器的特性推出了相匹配的变速器油,建议车主还是在4S店更换或者购买相应的型号进行更换,不要自行更换其他型号。

③ 无级变速器油

无级变速器油的本质与自动变速器油类似,但它也是专用油,因为无级变速器是用特质的钢链传动的,需要油液的流速、摩擦性能、膨胀系数等参数都有所区别,所以不能用自动变速器油代替。相对来说,它比自动变速器油还要稀一些,另外,还要具有一定的阻尼摩擦力防止传动链条打滑。

关于三种主流变速器的润滑油,相互之间绝对不能替换和混用!油品相似的自动变速器油和无级变速器油同样不能相互替代,如果真的替换使用了,虽然短时间没什么影响,但是时间长了对于机械的磨损来说有不可恢复的影响。

四 评价与反馈

① 自我评价

(1)通过本任务的学习,你是否已经知道以下问题:
①变速器油的作用是什么?＿＿＿＿＿＿＿＿＿＿
②如何更换变速器油?＿＿＿＿＿＿＿＿＿＿
(2)本任务的学习过程中用到了哪些设备?
＿＿＿＿＿＿＿＿＿＿＿＿＿＿＿＿＿＿＿＿
(3)实训过程完成情况如何?
＿＿＿＿＿＿＿＿＿＿＿＿＿＿＿＿＿＿＿＿
(4)通过本任务的学习,你认为自己的知识和技能还有哪些欠缺?
＿＿＿＿＿＿＿＿＿＿＿＿＿＿＿＿＿＿＿＿

签名:＿＿＿＿＿＿　　　＿＿年＿＿月＿＿日

② 小组评价(表5-4)

小 组 评 价 表 表5-4

序号	评 价 项 目	评 价 情 况
1	着装是否符合要求	

续上表

序号	评价项目	评价情况
2	是否能合理规范地使用仪器和设备	
3	是否按照安全和规范的流程操作	
4	是否遵守学习、实训场地的规章制度	
5	是否能保持学习、实训场地整洁	
6	团结协作情况	

参与评价的同学签名：_____　　　____年___月___日

❸ 教师评价

_____

教师签名：_____　　　____年___月___日

五 技能考核

根据学生完成实训任务的情况对学习效果进行评价。技能考核标准见表5-5。

技能考核标准　　　　　　表5-5

序号	项目	操作内容	规定分	评分标准	得分
1	着装规范	穿戴工作服、防护用品	5	规范着装，每一项未完成扣2分	
2	准备工作	车辆、工具到位，场地清洁	5	遗漏，每一项未完成扣2分	
3	拆底板	拆下发动机底板	5	检查项目不合格，每项扣1分	

续上表

序号	项目	操作内容	规定分	评分标准	得分
4	检查液位	检查变速器油的液位	5	不规范操作,每项扣1分	
5	拆放油螺栓	拆放油螺塞	10	不规范操作,每项扣1分	
6	放齿轮油	用专用回收油桶接放出的齿轮油	15	不规范操作,每项扣5分	
7	加注齿轮油	按照规范加注齿轮油	20	不规范操作,每项扣5分	
8	检查变速器是否漏油	检查变速器是否漏油	15	不规范操作,每项扣5分	
9	工位整理	整理工具、设备、场地	15	遗漏,每项扣5分	
10	安全作业	安全操作	5	不安全操作,每项扣2分	
	总分		100		

六 思考与练习

1. 变速器分为哪三类?
2. 车辆齿轮油的分类方法有哪两种?
3. 手动变速器由哪三部分组成?
4. 简述传动比三个不同数值时的传动特点及其所对应的挡位。
5. 简述齿轮传动工作原理。
6. 简述手动变速器油质检测细则。
7. 简述手动变速器总成拆装流程。
8. 简述手动变速器零部件拆装流程。

项目三　手动变速器维修

学习任务6　手动变速器的部件识别与拆装

 学习目标

★ **知识目标**

1. 掌握手动变速器的基本结构、组成;
2. 掌握手动变速器的功用与特点;
3. 理解同步器的基本原理,能指出手动变速器的各挡位的工作关系。

★ **技能目标**

1. 能从车上拆下手动变速器;
2. 能规范地对手动变速器总成进行解体维修和装复。

 建议课时

14课时。

 考证链接

汽车运用与维修1+X证书制度——职业技能等级标准

模块:汽车动力与驱动系统综合分析技术
技能大纲:1-1 汽车动力与驱动系统综合分析技术(中级)职业技能
工作任务:变速器系统检测维修

职业技能	技能要求	知识要求
1.1 手动变速器换挡机构维修	1.1.1 能检查、调整、更换变速器外部换挡总成、换挡连杆、支架、衬套、销轴及操纵杆	1.1.1 变速器外部换挡总成、换挡连杆、支架、衬套和护套、销轴及操纵杆检查、调整、更换流程

65

续上表

职业技能	技能要求	知识要求
1.1 手动变速器换挡机构维修	1.1.2 能检查、维修、更换变速器换挡杆盖和换挡拨叉、衬套、轴承、操纵杆、轴、轴套、锁销、互锁机构和弹簧	1.1.2 变速器换挡杆盖和换挡拨叉、衬套、轴承、操纵杆、轴、轴套、锁销、互锁机构和弹簧检查、维修、更换流程
1.2 手动变速器齿轮组维修	1.2.1 能检查和更换变速器衬垫、密封胶、密封件和坚固件 1.2.2 能检查变速器支座 1.2.3 能分解和清洗变速器零部件，装配变速器 1.2.4 能检查、更换输入轴、轴承、轴承座 1.2.5 能检查、更换输出轴、齿轮、止推垫圈、轴承和弹性挡圈，测量齿轮间隙和轴向间隙 1.2.6 能检查、更换同步器壳、轴套、花键、弹簧和同步器阻尼环机构，测量阻尼环与环槽间隙 1.2.7 能检查、更换中间轴、齿轮组、轴承、止推垫圈和弹性挡环 1.2.8 能检查、更换倒挡惰轮、倒挡轴、轴承、止推垫圈和弹性挡环	1.2.1 变速器衬垫、密封胶、密封件和坚固件更换流程 1.2.2 变速器支座检查方法 1.2.3 变速器零部件分解、清洗方法 1.2.4 输入轴、轴承、轴承座更换流程 1.2.5 输出轴、齿轮、止推垫圈、轴承和弹性挡圈，测量齿轮间隙和轴向间隙测量方法 1.2.6 同步器壳、轴套、花键、弹簧和同步器阻尼环机构，测量阻尼环与环槽间隙测量方法 1.2.7 中间轴、齿轮组、轴承、止推垫圈和弹性挡环更换流程

续上表

职业技能	技能要求	知识要求
1.2 手动变速器齿轮组维修	1.2.9 能测量和调整变速器轴、齿轮和同步器的轴间间隙 1.2.10 能测量和调整轴承预紧力或配合间隙 1.2.11 能检查外伸壳体和变速器壳体的接合面及接口、衬套和通孔,确定维修内容 1.2.12 能检查、更换车速里程表主动和从动齿轮、车速传感器和固定件 1.2.13 能检查、测试和更换变速器的传感器和开关	1.2.8 倒挡惰轮、倒挡轴、轴承、止推垫圈和弹性挡环更换流程 1.2.9 变速器轴、齿轮和同步器的轴间间隙测量调整方法 1.2.10 轴承预紧力或配合间隙测量调整方法 1.2.11 外伸壳体和变速器壳体的接合面及接口、衬套和通孔检查方法 1.2.12 车速里程表主动和从动齿轮、车速传感器和固定件更换流程 1.2.13 变速器的传感器和开关检测、更换流程

任务描述

一辆手动挡上海大众帕萨特轿车行驶里程6万km,根据客户反映该车在换挡时能听到异响,并且在3→4换挡位时有脱挡现象。维修技师在确认故障现象以后,应该怎样为客户解决问题?

一 理论知识准备

手动变速器,也称手动挡(Manual Transmission,简称MT),即用手拨动变速杆才能改变变速器内的齿轮啮合位置,改变传动比,从而达到变速的目的。踩下离合时,才能拨得动变速杆。

变速器为什么可以调整发动机输出的转矩和转速呢?其实这里蕴含了齿轮

和杠杆的原理。变速器内有多个不同的齿轮,通过不同大小的齿轮组合一起,就能实现对发动机转矩和转速的调整。用低转矩可以换来高转速,用低转速则可以换来高转矩。

❶ 五速手动变速器的结构

汽车手动变速器具有实现动力传输、变速、变矩、倒车、中断动力传递等功能的齿轮式变速器。手动变速器按结构组成分为变速传动机构、同步器、操纵机构三个部分;按其动力传递路径不同,分为二轴式手动变速器与三轴式手动变速器两种;按其挡位不同又可分为四速、五速手动变速器等。手动变速器以五速手动变速器最为常见,其具体结构如图6-1所示。

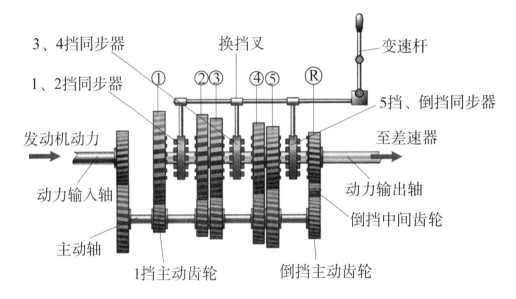

图6-1 五挡手动变速器结构示意图

根据齿轮传动降速则增扭,增速则降扭的基本原理,可将五速手动变速器前进挡大致分为以下几个挡位:

(1)当传动比 $i>1$ 时,为降速增扭传动,其挡位称为低速挡,如1、2挡;

(2)当传动比 $i<1$ 时,为增速降扭传动,其挡位称为超速挡,如4、5挡;

(3)当传动比 $i=1$ 时,为等速等扭传动,其挡位称为直接挡,如3挡。

❷ 手动变速器工作原理

手动变速器的工作原理,就是通过拨动变速杆,切换中间轴上的主动齿轮,通过大小不同的齿轮组合与动力输出轴结合,从而改变驱动轮的转矩和转速。下面先看一下简化的手动变速器(2挡)的构造图,如图6-2所示。

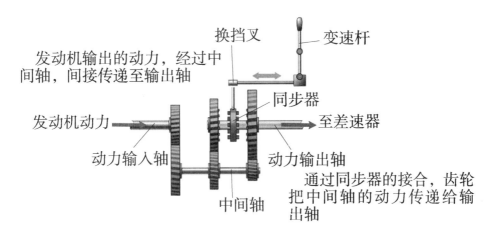

图 6-2　简单变速器结构示意图

发动机的动力输入轴是通过一根中间轴,间接与动力输出轴连接的。中间轴的两个齿轮与动力输出轴上的两个齿轮是随着发动机输出一起转动的。但是,如果没有同步器的接合,两个齿轮只能在动力输出轴上空转(即不会带动输出轴转动)。图 6-2 中同步器位于中间状态,相当于变速器挂了空挡。

当变速杆向左移动,使同步器向右移动与齿轮(图 6-3)接合,发动机动力通过中间轴的齿轮,将动力传递给动力输出轴。

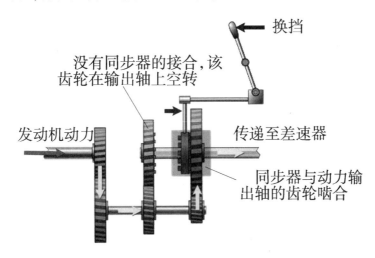

图 6-3　变速器换挡原理示意图

一般的手动变速器都有好几个挡位(图 6-4),可以理解为在原来的基础上添加了几组齿轮,其实原理都是一样的。如当挂上 1 挡时,实际上是将(1、2 挡同步器)向左移动使同步器与 1 挡从动齿轮接合,将动力传递到输出轴。R 挡(倒车挡)的主动齿轮和从动齿轮中夹了一个中间齿轮(图6-1),就是通过这个齿轮实现汽车的倒退行驶。

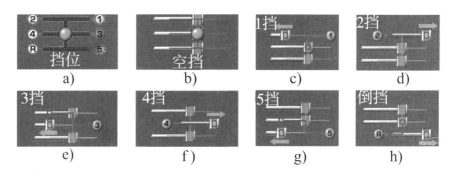

图6-4 手动变速器换挡示意图

3 同步器

变速器在进行换挡操作时,尤其是从高挡位向低挡位的换挡,很容易产生轮齿或花键齿间的冲击。为了避免齿间冲击,在换挡装置中都设置同步器。同步器结构如图6-5所示。

图6-5 同步器结构示意图

同步器有常压式和惯性式两种,目前大部分同步式变速器上采用的是惯性同步器,它主要由接合套、同步锁环等组成,主要是依靠摩擦作用实现同步。

当同步锁环内锥面与待接合齿轮齿圈外锥面接触后,在摩擦力矩的作用下,齿轮转速迅速降低(或升高)到与同步锁环转速相等,两者同步旋转,齿轮相对于同步锁环的转速为零,因而惯性力矩也同时消失。这时,在作用力的推动下,接合套顺畅地与同步锁环齿圈接合,并进一步与待接合齿轮的齿圈接合而完成换挡过程,如图6-6所示。

接合套、同步锁环和待接合齿轮的齿圈上均有倒角(锁止角),同步锁环的内锥面与待接合齿轮齿圈外锥面接触产生摩擦。锁止角与锥面在设计时已作了适当选择,锥面摩擦使得待啮合的齿套与齿圈迅速同步,同时又会产生一种锁止作用,防止齿轮在同步前进行啮合。

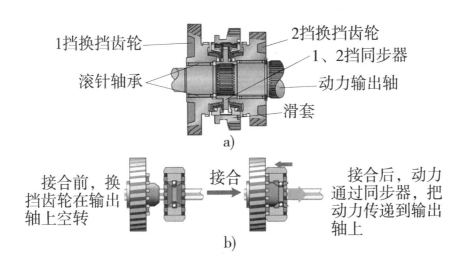

图 6-6 同步器工作原理示意图

通过操纵换挡杆来控制手动变速器同步器工作,从而实现手动变速器挡位之间的变换。以五速手动变速器 1-2 挡换挡为例,如图 6-7 所示。

输入轴通过离合器和发动机相连,轴和上面的齿轮是一个部件。二级传动的轴和齿轮叫作中间轴,它们一起旋转。输入轴旋转通过啮合的齿轮带动中间轴的旋转,这时,中间轴就可以传输发动机的动力了。输出轴(至差速器)是一个花键轴,直接和驱动轴相连,通过差速器来驱动汽车。车轮转动会带着花键轴一起转动。齿轮在花键轴

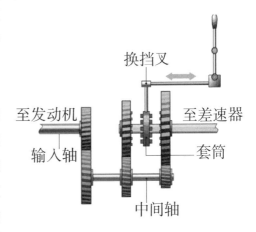

图 6-7 五速手动变速器 1-2 挡换挡原理图

上自由转动。在发动机停止,但车辆仍在运动中时,齿轮和中间轴都在静止状态,而花键轴依然随车轮转动。齿轮和花键轴是由套筒来连接的,套筒可以随着花键轴转动,同时也可以在花键轴上左右自由滑动来啮合齿轮。挂进 1 挡时,套筒就和右边的齿轮啮合。

图 6-7 中,输入轴带动中间轴,中间轴带动右边的齿轮,齿轮通过套筒和花键轴相连,传递能量至驱动轴上。在这同时,左边的齿轮也在旋转,但由于没有和

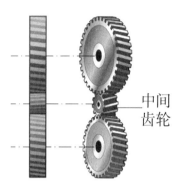

图6-8 手动变速器倒挡原理图

套筒啮合,所以它不对花键轴产生影响。当套筒在两个齿轮中间时,变速器在空挡位置。两个齿轮都在花键轴上自由转动,速度是由中间轴上的齿轮和齿轮间的变速比决定的。

倒挡是通过一个中间齿轮来实现。如图6-8所示,齿轮始终朝其他齿轮相反的方向转动。因此,在汽车前进的过程中,是不可能挂入倒挡的,套筒上的齿和齿轮不能啮合,但是会产生很大的噪声。

❹ **手动变速器操纵机构**

五挡手动变速器已经得到普遍应用,换挡杆通过3个连杆连接着3个换挡叉。如图6-9所示,在换挡杆的中间有个旋转点,当拨入1挡时,实际上是将连杆和换挡叉往反方向推。左右移动换挡杆时,实际上是在选择不同的换挡叉(不同的套筒);前后移动时则是选择不同的齿轮。

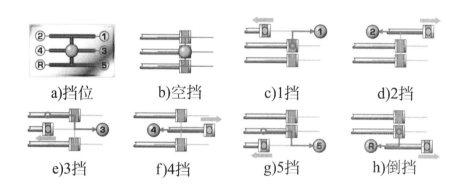

图6-9 五速手动变速器换挡操纵原理图

要使手动变速器能够操纵机构准确可靠地工作,应满足以下要求。

(1)在操纵机构中设有自锁装置,能防止变速器自动换挡和自动脱挡。自锁装置由自锁钢球和自锁弹簧组成,每根拨叉轴的上表面沿轴向分布三个凹槽。当任一根拨叉轴连同拨叉一起轴向移动到空挡或某一工作位置时,必有一个凹槽正好对准自锁钢球。于是,钢球在弹簧压力下嵌入该凹槽内,拨叉轴的轴向位置即被固定,从而拨叉连同滑动齿轮(或接合套)也被固定,不能自行脱出,如图6-10所示。

(2)在操纵机构中设有互锁装置,能保证变速器不会同时挂入两个挡位。空挡状态时,所有拨叉轴的侧面凹槽同互锁钢球、互锁销都在同一直线上。当移动中间拨叉轴时,拨叉轴两侧的内钢球从其侧面凹槽中被挤出,而两互锁钢球则分别嵌入拨叉轴的侧面凹槽中,因而将拨叉轴刚性地锁止在空挡位置。当移动下方拨叉轴,则应先将中间拨叉轴退回到空挡位置,于是,在移到下方拨叉轴时,互锁钢球便从下方拨叉轴的凹槽中被挤出,同时通过互锁销和其他互锁钢球将上方、中间拨叉轴均锁止在空挡位置。当移动上方拨叉轴时,下方、中间拨叉轴被锁止在空挡位置,如图6-11所示。

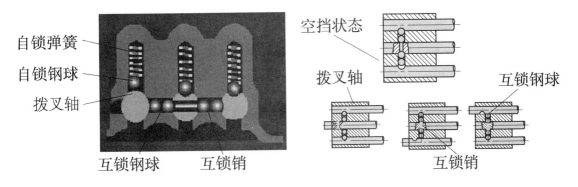

图6-10 手动变速器自锁装置图　　图6-11 手动变速器互锁装置图

(3)在操纵机构中设有倒挡锁装置,能防止误挂倒挡。驾驶员要挂倒挡时,必须用较大的力使变速杆的下端压缩倒挡弹簧,变大的换挡阻力,可提醒驾驶员将挂入倒挡。将倒挡锁销推向左方后,才能使变速杆下端进入倒挡拨块的凹槽内,以拨动一、倒挡拨叉轴而退入倒挡,如图6-12所示。

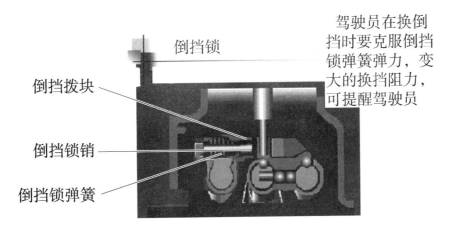

图6-12 手动变速器倒挡锁装置图

5 手动变速器常见故障

手动变速器常见故障主要有跳挡、乱挡、挂挡困难、异响等。其故障现象、原因、排除方法如下。

1）跳挡

（1）故障现象。汽车在加速、减速、爬坡或汽车剧烈振动时，变速杆自动跳回空挡位置。

（2）故障原因。

①自锁装置的钢球未进入凹槽内或挂挡后齿轮未达到全齿长啮合。

②自锁装置的钢球或凹槽磨损严重，自锁弹簧疲劳过软或折断。

③齿轮沿齿长方向磨损成锥形。

④一、二轴轴承过于松旷，使一、二轴和曲轴三者轴线不同心或变速器壳与离合器壳接合平面相对曲轴轴线的垂直变动。

⑤二轴上的常啮合齿轮轴向或径向间隙过大。

⑥各轴轴向或径向间隙过大。

引起变速器轴轴向或径向间隙过大的原因主要有：

a. 由于变速齿轮、齿套或同步器锥盘轮齿磨损过量，沿齿长方向形成锥形，啮合时便产生一个轴向推力，在工作中又受振抖，转速变化的惯性影响，迫使啮合的齿轮沿轴向脱开；

b. 变速叉弯曲变形，磨损过甚、固定螺钉松动或变速杆变形等，使齿轮不能正常啮合；

c. 自锁装置磨损松旷，弹簧弹力不足或折断，造成锁止力量不足，使变速叉轴不能可靠地定位；

d. 齿轮或齿套磨损过甚，沿齿长方向磨成锥形；

e. 和轴承磨损严重，轴向间隙过大，或第一、二轴与中间轴不平行，使齿轮不能正常啮合而上下摆动所引起跳挡；

f. 轴的花键齿与滑动齿轮花键槽磨损过甚；

g. 第二轴花键扭曲变形或键齿磨损过度，锁紧螺母松脱引起轴或齿轮的前后窜传动；

h. 同步器锁销松动，同步器散架或接合齿长度方向已磨损严重；

i. 变速器固定不牢固。

（3）故障诊断与排除方法。

①在发现某挡跳挡时，仍将变速杆换入该挡，然后拆下变速器盖看齿轮啮合情况，如啮合良好，应检查变速叉轴锁住机构。

②用手推动跳挡的变速叉试验定位装置，如定位不良，需拆下变速叉轴检验定

位球及弹簧,如弹簧过软或折断应更换。若变速叉轴凹槽磨损过甚,应修理或更换。

③检查齿轮的啮合情况,如齿轮未完全啮合,用手推动跳挡的齿轮或齿套能正确啮合,应检查变速叉是否弯曲或磨损过甚,以及变速叉固定螺钉是否松动,叉端与齿轮投槽间隙是否过大。若变速叉弯曲应校正;如因变速叉下端磨损与滑动齿轮槽过度松旷时应拆下修理。

④如变速机构良好,而齿轮或齿套又能正确啮合,则应检查齿轮是否磨损成锥形,如磨损严重应更换。

⑤检查轴承和轴的磨损情况,如轴磨损严重,轴承松旷或变速轴沿轴向窜动时,应拆下修理或更换。

⑥检查同步器工作情况,如有故障应修理或更换。

⑦检查变速器固定螺栓,如松动应紧固。

2）乱挡

（1）故障现象。在离合器技术状况正常的情况下,变速器同时挂上两个挡或挂需要挡位时,结果挂入别的挡位。

（2）故障原因。

①互锁装置失效,如拨叉轴、互锁销或互锁钢球磨损过甚等。

②变速杆下端弧形工作面磨损过大或拨叉轴上拨块的凹槽磨损过大。

③变速杆球头定位销折断或球孔、球头磨损过于松旷。

④总之乱挡的主要原因是变速器操纵机构失效。

（3）故障诊断与排除方法。

①挂需要挡位时,结果挂入了别的挡位:摇动变速杆,检查其摆转角度,若超出正常范围,则故障由变速杆下端球头定位销与定位槽配合松旷或球头、球孔磨损过大引起。变速杆摆转360°,则为定位销折断。

②如摆转角度正常,仍挂不上或摘不下挡,则故障由变速杆下端从凹槽中脱出引起(脱出的原因是下端弧形工作面磨损或导槽磨损)。

③同时挂入两个挡,故障由互锁装置失效引起。

3）挂挡困难

（1）故障现象。离合器技术状况良好,但挂挡时不能顺利挂入挡位,常发生齿轮撞击声。

（2）故障原因。

①同步器故障。

②拨叉轴弯曲、锁紧弹簧过硬、钢球损伤等。

③一轴花键损伤或一轴弯曲。

④齿轮油不足或过量、齿轮油不符合规格。

(3)故障诊断与排除方法。

①检查同步器是否散架、锥环内锥面螺旋槽是否磨损、滑块是否磨损、弹簧弹力是否过软等。

②如果同步器正常,检查一轴是否弯曲、花键是否磨损严重。

③检查拨叉轴是否移动正常。

4)变速器异响

(1)故障现象。变速器异响是指变速器工作时发出的不正常的响声。

(2)故障原因。

①齿轮异响。齿轮磨损过甚变薄,间隙过大,运转中有冲击;齿面啮合不良,如修理时没有成对更换齿轮。新、旧齿轮搭配,齿轮不能正确啮合;齿面有金属疲劳剥落或个别齿损坏折断;齿轮与轴上的花键配合松旷,或齿轮的轴向间隙过大;轴弯曲或轴承松旷引起齿轮啮合间隙改变。

②轴承响。轴承磨损严重;轴承内(外)座圈与轴颈(孔)配合松动;轴承滚珠碎裂或有烧蚀麻点。

③其他原因发响。如变速器内缺油,润滑油过稀、过稠或质量变坏;变速器内掉入异物;某些紧固螺栓松动;里程表软轴或里程表齿轮发响等。

(3)故障诊断与排除方法。

①变速器发出金属干摩擦声,即为缺油和油的质量不好。应加油和检查油的质量,必要时更换。

②行驶时换入某挡若响声明显,即为该挡齿轮轮齿磨损;若发生周期性的响声,则为个别齿损坏。

③空挡时响,而踏下离合器踏板后响声消失,一般为一轴前、后轴承或常啮合齿轮响;如换入任何挡都响,多为二轴后轴承响。

④变速器工作时发生突然撞击声,多为轮齿断裂,应及时拆下变速器盖检查,以防机件损坏。

⑤行驶时,变速器只有在换入某挡时齿轮发响,在上述完好的前提下,应检查啮合齿轮是否搭配不当,必要时应重新装配一对新齿轮。此外,也可能是同步器齿轮磨损或损坏,应视情况修复或更换。

⑥换挡时齿轮相撞击而发响,则可能是离合器不能分离或离合器踏板行程不正确、同步器损坏、怠速过大、变速杆调整不当或导向衬套紧等。遇到这种情

况,先检查离合器能否分离,再分别调整怠速或变速杆位置,检查导向衬套与分离轴承配合的松紧度。

⑦如经上述检查排除后,变速器仍发响,应检查各轴轴承与轴孔配合情况、轴承本身的技术状态等;如完好,再查看里程表软轴及齿轮是否发响,必要时予以修理或更换。

5)变速器漏油

(1)故障现象。变速器周围出现齿轮润滑油,变速器齿轮箱内的油量减少,则可判断为润滑油泄漏。

(2)故障原因及排除方法。

①润滑油选用不当,产生过多泡沫,或润滑油量太多。此时,需更换润滑油或调节润滑油。

②侧盖太松,密封垫损坏,油封损坏,密封和油封损坏,应更换新件。

③放油塞和变速器箱体及盖的固定螺栓松动,应按规定力矩拧紧。

④变速器壳体破裂或延伸壳油封磨损而引起的漏油,必须更换。

⑤里程表齿轮限位器松脱破损,必须锁紧或更换。

⑥变速杆油封漏油,应更换油封。

二 任务实施

1 准备工作

(1)车辆准备:上海大众帕萨特轿车。

(2)维修举升工位和常用的工具、车辆保护装置等。

(3)上海大众《帕萨特维修手册》。

2 技术要求与注意事项

(1)了解五速手动变速器结构特点、动力传递过程;

(2)了解五速手动变速器操纵机构工作原理;

(3)了解同步器结构与工作原理;

(4)拆装过程中要注意做好防护措施。

3 操作步骤

以上海大众的012/01W手动变速器为例,将其从车上拆卸下来的步骤如下。

(1)换挡操纵机构的拆卸与安装。

将防尘套的内侧向外转,用螺丝刀小心地按照图6-13所示箭头方向撬杠杆部分的同时拉出换挡手柄。

旋下换挡机构罩壳的橡皮护板紧固螺母(图6-14中箭头所示),旋下换挡机构罩壳的每一只紧固螺母(图6-15中箭头),随后把换挡手柄连同防尘套一起旋下。

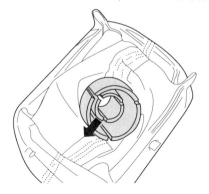 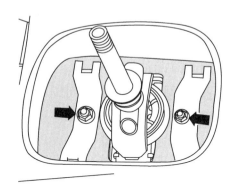

图6-13　分开防尘套与换挡手柄　　图6-14　拆卸橡皮护板

分开三元催化装置后排气装置,如有必要,拆卸前排气装置。

旋出图6-16箭头B所示内六角螺栓,拆卸排气装置上方的前隔垫板,将换挡机构罩壳随同换挡杆(图6-16中箭头A)和推杆向下回转并取出。

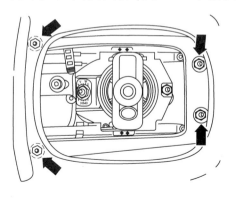

图6-15　换挡机构罩壳紧固螺母　　图6-16　拆卸换挡操纵机构

按与拆卸相反的顺序进行安装。换挡机构罩壳与车身拧紧力矩为10N·m;换挡杆与变速器拧紧力矩为20N·m;推杆与变速器拧紧力矩为40N·m。

(2)变速器的拆卸和安装。

由于在拆卸过程中,必须拆除蓄电池的接地线,因此拆卸前应检查是否安装了带密码的收音机,若有的话,事先必须得到防盗密码。在点火开关断开时,拆除蓄电池的接电线。旋下冷却系统的冷却液补偿罐,并置于一旁。

从空气质量计上拆除吸气软管,拆掉发动机/变速器的上部连接螺栓,拆卸右轮,发动机/变速器下部如果有缓冲槽的话,也应拆掉,并且拆掉缓冲槽的支架,如图6-17箭头所示。

拆卸带有三元催化装置的前排气装置。拆除右传动轴上方的防护板（图6-18箭头A和B所示），如果左传动轴上方有护板的话，也应拆掉。从法兰盘轴上拆下传动轴，并尽可能地高位连接，这样就不会损坏表面防护层。

 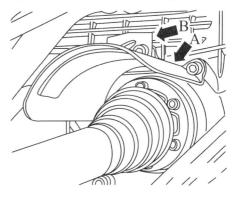

图6-17　缓冲槽支架　　　　图6-18　右传动轴上方防护板

拆除发动机/变速器的起动电动机并固定好，如图6-19所示。拆除时可以不松开起动电动机线缆。

拆除变速杆和推杆，旋出内六角螺栓，从变速器中拆除换挡操纵机构（图6-16）。

拔下车速表传感器插头（图6-20中箭头A所示）和倒车灯插头（图6-20中箭头B所示），拆下变速器/发动机紧固螺栓和变速器上所有电气连接线及接地线。

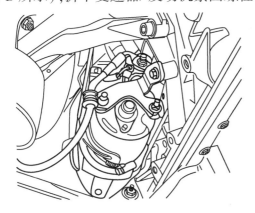 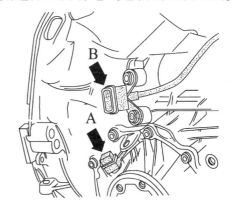

图6-19　起动电动机　　　　图6-20　车速传感器和倒车灯插头

拆除发动机/变速器（图6-21中箭头A和B所示）的下面连接螺栓。

把校对直尺3282/10（图6-22）放置到变速器托架3282上（校对直尺只能在每一个位置中适配），把变速器托架孔的悬臂依照孔径在校对直尺中对准按照图6-23所示，用螺栓将托架部件A安装到调整板上。变速器举升器置于车辆下方，校对直尺上的箭头符号B应朝向车辆行驶方向（图6-23）。

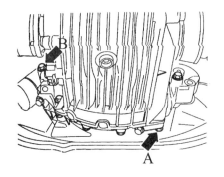

图6-21 发动机变速器的连接螺栓

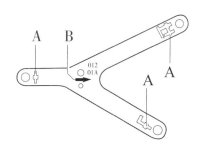

图6-22 专用工具(校对直尺3282/10)
A-校对直尺的孔；B-箭头符号

使校对直尺平行地对准变速器,将安全支撑装置(图6-24箭头所示)锁紧在变速器上。

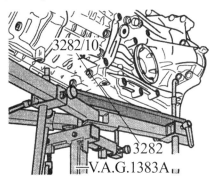

图6-23 安装专用工具

图6-24 安装安全支撑装置

将带有橡胶金属支承的右变速器支座从变速器中旋出,左变速器支座从橡胶金属支承外旋出,如图6-25箭头A、B所示。

拆卸发动机/变速器的连接螺栓。从定位套中压出变速器,并下降至能触及离合器工作缸,拆卸离合器工作缸(图6-26中箭头所示)并用线材固定好,拆卸主缸时可以不切断管路。

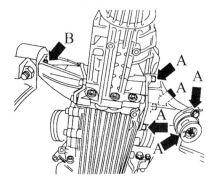

图6-25 变速器支座

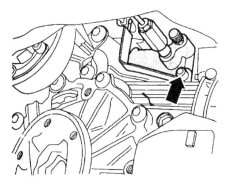

图6-26 离合器工作缸

小心地将变速器向下取出。当传动轴通过变速器杠杆的心轴下降时,在此范围中,须改变变速器位置。为了实施装配工作,变速器必须被固定在带变速器托架VW 353和支承板VW 309的装配台上。

安装按拆卸的相反顺序进行。安装时需要注意以下几点:

①必须清洁驱动轴的花键,并涂以薄薄的G 000 100润滑脂;

②离合器盘必须在驱动轴上可灵活地来回移动;

③检查离合器分离轴承的磨损情况,必要时予以更换;

④检查缸体中是否有发动机/变速器定中心所需的定位套,如没有应予放入;

⑤注意发动机中间板的正确位置;

⑥安装完毕后,应检查变速器油并调整换挡操纵机构。

有关安装的螺栓(螺母)拧紧力矩见表6-1。

变速器拧紧力矩　　　　　　　　　　　　　　　　　　　　　　表6-1

图　　示	编号	螺栓	数量	力矩(N·m)
安装四缸发动机的车辆(A:定位套)	1	M12×80	2	65
	2	M12×110	2	65
	3	M12×90	1	65
	4	M12×70	1	65
	5	M10×140	1	45
	6	M10×460	4	45
安装五缸发动机的车辆(A:定位套)	1	M12×80	2	65
	2	M12×130	3	65
	3	M10×45	1	45
	4	M10×70	1	45
	5	M10×60	1	45
	6	M10×80	1	65

续上表

图　　示	编号	螺栓	数量	力矩(N·m)
安装六缸发动机的车辆(A:定位套)	1	M12×70	3	65
	2	M12×90	1	65
	3	M12×80	1	65
	4	M12×45	3	45
	5	M10×140	2	65
机组支承	1	M10×30	3	40
	2	M10×35	1	40
	3	M8×20	2	20
	法兰盘与传动轴 M8			45
	法兰轴与传动轴 M10			80
	变速器旁与离合器工作缸(箭头)			25
	变速器与传动轴上方的护板			20
	变速器与变速杆(箭头 A)			20
	变速器和连杆(箭头 B)			40

项目三 手动变速器维修

（3）主动轴的球轴承、多功能传感器、主动轴、从动轴和换挡杆的拆卸。

用套筒扳手 3357 排出变速器油。将变速器夹紧至装配台中，如图 6-27 所示。

将离合器分离板连同分离轴承一起拆卸，旋下导向套，接着取下盘形弹簧，然后拆卸主动轴球轴承前面的卡簧，如图 6-28 所示。当球轴承、主动轴或变速器壳体不需要更换时，应记下卡簧的厚度。

从变速器壳中拉出主动轴的球轴承，如图 6-29 所示。

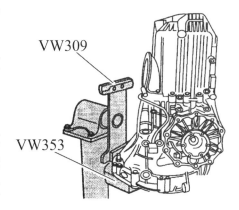

图 6-27　固定变速器

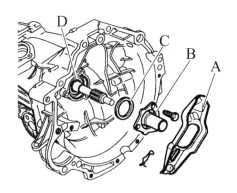

图 6-28　拆卸离合器分离装置

A-分离板；B-导向套；C-盘形弹簧；D-卡簧

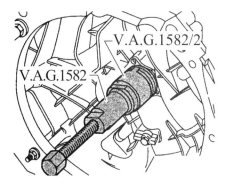

图 6-29　拆卸主动轴球轴承

拆卸主动轴球轴承后面的卡簧，如图 6-30 中箭头所示。旋松变速器罩体壳 B 变速器后盖 A 的螺栓（图 6-31）。

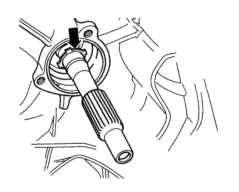

图 6-30　拆卸卡簧

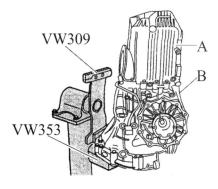

图 6-31　变速器罩壳和后盖

拆卸图6-32箭头所示螺栓,并拉出多功能传感器。

拆卸用于转向轴的螺栓,如图6-33箭头所示。

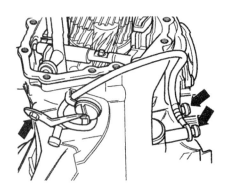

图6-32 拆卸多功能传感器

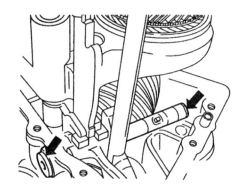

图6-33 拆卸转向轴螺栓

松开换挡定位机构(图6-34中箭头所示)的螺栓,并把它旋出来。

小心地把主动轴、从动轴、转向轴、带有换挡轴的换挡杆以及换挡拨叉一起拉出来,如图6-35所示。

图6-34 换挡定位机构

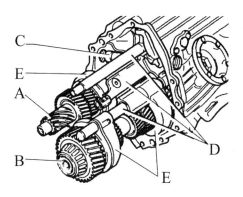

图6-35 取出主从动轴及换挡杆
A-主动轴;B-从动轴;C-转向轴;
D-换挡杆;E-换挡拨叉

如果要更换主动轴球轴承、主动轴或变速器壳体,那么首先必须重新确定用于主动轴的卡簧厚度。

(4)变速器的换挡操纵机构。

变速器换挡操纵机构零部件见图6-36所示。

项目三 手动变速器维修

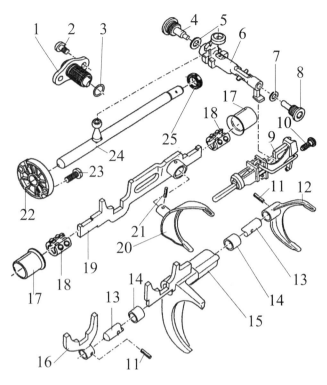

图6-36 变速器换挡操纵机构

1-锁止机构;2-梅花螺栓(10N·m);3-O型密封圈;4-右限位螺栓(40N·m);5-密封垫圈;6-转向轴;7-密封垫圈;8-左限位螺栓(40N·m);9-换挡定位装置;10-梅花螺栓(25N·m);11-弹簧销;12-5挡和倒挡换挡拨叉;13-1挡和2挡、5挡和倒挡的换挡杆;14-球形套筒;15-1挡和2挡的换挡拨叉;16-拨杆;17-轴套;18-球形套筒;19-3挡和4挡的换挡杆;20-3挡和4挡的换挡拨叉;21-弹簧销;22-盖;23-梅花螺栓(20N·m);24-换挡轴;25-密封垫圈

三 学习拓展

大众MQ200变速器

提起MQ200,可能知道的人并不多,但是提到速腾1.6的手动变速器,大家就都会说:那是一个很棒的变速器。其实速腾1.6的手动变速器就是MQ200手动变速器。这台5挡手动变速器是德国大众专门为小型车开发设计的。

200的意思就是可以支持最大转矩为200N·m的发动机,而另一台比较常见的MQ250手动变速器就是可以支持最大转矩为250N·m的发动机。驾驶过配备了MQ200变速器车型的车友应该都有这种感觉,那就是有了这样的手动变速器，仿佛没有再买自动挡的必要了。MQ200短小的变速杆握着就很舒服。当踩下离合时，只要用手指轻轻一拨，变速杆就被吸到了你想要的挡位上，直截了当，丝毫没有拖泥带水之感。轻便的操纵，即使是在需要经常换挡的堵车路段也不会很累。为什么MQ200会获得如此好的手感呢？

其实作为手动变速器，它的结构和一般的手动变速器没有什么大的区别。一根输入轴连接着发动机传递来的动力，其上布置了5组提供前行动力输出的齿轮和一个倒挡齿轮，另外一根输出轴连接着差速器，并通过差速器把动力传递给驱动轴。那么，MQ200到底在哪些地方的独特设计改善了变速器的性能呢？

(1) 多锥面同步器使得挂挡时的阻力大大降低。现在的手动变速器，为了避免由于换挡前、后的两个齿轮及环之间存在的转速差而造成的换挡困难及打齿的现象，都设置了同步器。同步器是在环的两侧设置的锥面摩擦片，同齿轮相同位置设置的锥面摩擦片。在换挡的过程中，由于环和即将要结合的齿轮之间存在转速差，如果直接将两齿啮合，必然会很困难，而且出现打齿。但是，如果通过同步器先让环和齿轮之间出现一定程度的滑动摩擦，这样就会使环和齿轮的转速逐步趋于同步，这个原理与离合器的原理是类似的。那么，这个同步器工作时的效率就成为手动变速器换挡是否轻松的重要条件。

一般的手动变速器的同步器环上，都是采用一个锥面摩擦片，它同样可以起到同步的效果，但性能有限。作为同步器来说，能越快地让一轴的转速与二轴同步，挂挡就越轻松，因为只有二者转速同步，两齿才能顺利啮合，这个速度越快，啮合也就越轻松。如果在同步器上采用多锥面的摩擦片，就可以增大环与齿轮之间的摩擦面积，使这个转速由不同步到同步的时间缩短，不但提升了同步器的响应速度，而且换挡的阻塞感也会大大降低。MQ200就是采用了多锥面的同步器设计，尤其是在1挡和2挡之间采用的是三锥面同步器，换挡阻力降低了50%，这就是它操纵轻便、驾驶轻松的原因。

(2) 电控装置换挡。一般的手动变速器，都是通过推杆连接或者是拉线来控制换挡的。推杆连接的换挡控制方式更为直接，但是振动会很大；而拉线式的虽然没有振动，但是挡位显得不是很清晰，可谓是各有优劣，但是它们都有一个共同的特点，都是纯机械式的，换挡的力量来自人手的力量，因此换挡阻力自然不可避免。但是电控换挡却很好地结合了它们之间的优点。当换挡的时候，拨动变速杆到相应的挡位，在变速器里就会有相应的拨叉控制着环与齿轮啮合。在MQ200的变速器里，每个拨叉的工作都是由电机来控制的。由于采用了电控，所以就没有了机械力的专递。所以，在我们拨MQ200的变速杆的时候，实际上是

项目三　手动变速器维修

相当于拨动一个开关。既然是拨动开关,也就不存在什么挡位不清晰的现象了。至于挡位的行程,当然也可以控制在一个比较理想的范围内。这是由于MQ200手动变速器采用了如此的不同设计,使得它的外形紧凑,而且MQ200的输入轴和输出轴均采用了空心结构,壳体材料采用铝合金,所以在质量上也大大减轻,承载能力强。

在噪声方面MQ200控制得也非常出色,这得益于变速器较高的加工精度。在国内市场上有很多变速器噪声过大的车型,它们的变速器虽然也同样采用了斜齿的设计,但是由于加工精度的不够,在运转的时候不能保证紧密的啮合,仍然会在传动时产生很大的噪声。后果就是在你还需要忍受发动机噪声、路噪、风噪的同时,还要忍受这个多出来的变速器噪声。变速器噪声的声音波段很特别,时间久了就会让你难以忍受。而在速腾车上就要安静许多,这同样与它在加工精度上的精益求精有着很大的关系。

变速器性能的好坏,对于驾驶者的影响是非常巨大的,特别是对于喜欢开车,或者说喜欢开快车的驾驶者来说,一个好的变速器并不亚于一台好发动机带来的快感。

四　评价与反馈

1　自我评价

(1)通过本任务的学习,你是否已经知道以下问题:

①变速器的作用是什么?

②拆装变速器大致流程是怎样的?

③变速器的锁止机构有哪些? 基本原理是怎样?

(2)本任务的学习过程中用到了哪些设备?

(3)实训过程完成情况如何?

(4)通过本任务的学习,你认为自己的知识和技能还有哪些欠缺?

签名:＿＿＿＿＿　　　＿＿＿＿年＿＿月＿＿日

❷ 小组评价(表6-2)

小组评价表 表6-2

序号	评价项目	评价情况
1	着装是否符合要求	
2	是否能合理规范地使用仪器和设备	
3	是否按照安全和规范的流程操作	
4	是否遵守学习、实训场地的规章制度	
5	是否能保持学习、实训场地整洁	
6	团结协作情况	

参与评价的同学签名：_____　　　_____年___月___日

❸ 教师评价

_____

_____

　　　　　教师签名：_____　　　_____年___月___日

五　技能考核

根据学生完成实训任务的情况对学习效果进行评价。技能考核标准见表6-3。

技能考核标准 表6-3

序号	项目	操作内容	规定分	评分标准	得分
1	准备工作	升车、准备防护三件套	5	遗漏,每项扣2分	
2	拆卸手动变速器总成	从车上拆卸手动变速器总成	10	按照步骤从车上拆卸手动变速器总成,不规范一项扣1分	
3	拆卸手动变速器外壳	拆卸手动变速器外壳	5	按照步骤拆卸手动变速器外壳,不规范一项扣1分	

续上表

序号	项 目	操 作 内 容	规定分	评 分 标 准	得分
4	拆卸手动变速器倒挡	拆卸手动变速器倒挡齿轮	10	按照步骤拆卸手动变速器倒挡齿轮,不规范一项扣1分	
5	拆卸齿轮传动机构	拆卸齿轮传动机构,传动轴,1、2、3、4、5挡挡位齿轮	20	按照步骤拆卸齿轮传动机构,不规范一项扣4分	
6	拆卸操纵机构总成	拆卸操纵机构总成	10	拆卸操纵机构总成,不规范一项扣1分	
7	拆卸传动机构总成	拆卸传动机构总成	10	拆卸传动机构总成,不规范一项扣1分	
8	拆卸同步器	拆卸同步器	10	拆卸同步器,不规范一项扣1分	
9	工位整理	工具、设备、场地整理	15	工具、设备、场地整理,遗漏一项扣5分	
10	安全作业	安全操作	5	有不规范的违反安全操作每项扣2分	
	总分		100		

六 思考与练习

1. 简述五速式手动变速器前进挡各挡位动力传递路线。
2. 简述五速式手动变速器倒挡动力传递路线。
3. 简述手动变速器中同步器的工作原理。
4. 简述手动变速器换挡操纵机构工作原理。
5. 简述手动变速器换挡锁止装置。
6. 简述手动变速器的常见故障。

项目四 万向传动装置维修

学习任务7 万向传动装置的维修

 学习目标

 知识目标

1. 了解万向传动装置的功用、组成及其在汽车上的应用;
2. 掌握万向节的类型、构造;
3. 掌握传动轴和中间支承的构造;
4. 掌握万向传动装置的常见故障现象和原因。

⭐ 技能目标

1. 能够对万向传动装置进行正确的拆装和检查;
2. 能够传动轴防尘套进行检查和更换。

建议课时

8课时。

项目四 万向传动装置维修

汽车运用与维修1+X证书制度——职业技能等级标准

模块:汽车动力与驱动系统综合分析技术

技能大纲:1-1 汽车动力与驱动系统综合分析技术(初级)职业技能

工作任务:传动系统检查与维护

职业技能	技能要求	知识要求
1.1 传动轴万向节检查维护	1.1.1 能检查传动轴、万向节叉和万向节/等速万向节工作情况,确认维修项目 1.1.2 能检查传动轴中央支承轴承工作情况,确认维修项目	1.1.1 传动轴、万向节叉和万向节(等速万向节)检查方法 1.1.2 传动轴中央支承轴承检查方法

模块:汽车动力与驱动系统综合分析技术

技能大纲:1-1 汽车动力与驱动系统综合分析技术(中级)职业技能

工作任务:传动系统检测与维修

职业技能	技能要求	知识要求
1.1 传动轴万向节检修	1.1.1 能检查、维修、更换传动轴、万向节叉和万向节(等速万向节),保证相位正确 1.1.2 能检查、维修、更换传动轴中央支承轴承 1.1.3 能检查和调整传动轴的间隙 1.1.4 能测量传动轴的径向跳动量 1.1.5 能测量和调整传动轴的工作角	1.1.1 传动轴、万向节叉和万向节/等速万向节)调整、更换流程 1.1.2 传动轴中央支承轴承更换流程 1.1.3 传动轴的间隙调整方法 1.1.4 传动轴的径向跳动量标准及测量方法 1.1.5 传动轴的工作角测量方法

91

一辆别克凯越(1.6L)轿车,行使了60000km,车主要求对整车进行维护。其中任务之一是需要按照维修手册,对传动轴防尘套进行检查和更换。

一 理论知识准备

(一)万向传动装置

万向传动装置的作用是连接不在同一直线上的变速器输出轴和主减速器输入轴,并保证在两轴之间的夹角和距离经常变化的情况下,仍能可靠地传递动力。安装时,必须使传动轴两端的万向节叉处于同一平面(图7-1)。

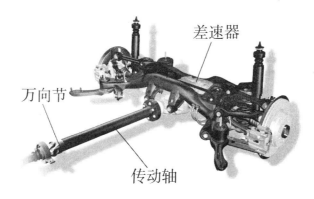

图7-1 传动轴万向节位置示意图(后轮驱动)

❶ 功用

万向传动装置在汽车上有很多应用,结构也稍有不同,但其功用都是一样的,即在轴线相交且相互位置经常发生变化的两转轴之间传递动力。

如图7-2所示,位于变速器与驱动桥之间的万向传动装置是在汽车中最常见的应用。由于汽车布置、设计等原因,变速器输出轴和驱动桥输入轴不可能在同一轴线上,并且变速器虽然是安装在车架(车身)上,可以认为位置是不动的,但驱动桥会由于悬架的变形而引起其位置经常发生变化,所以,在变速器和驱动桥之间装有万向传动装置正好可以满足这些使用、设计的要求。

❷ 组成与分类

万向传动装置一般由万向节、传动轴和中间支承组成,如图7-3所示。

在汽车上使用的万向节可以按不同的方式分类。按其刚度大小,可分为刚性万向节和柔性万向节。刚性万向节按其速度特性分为不等速万向节(常用的为十字轴式)、准等速万向节(双联式和三销轴式)和等速万向节(包括球叉式和球笼式)。目前,在汽车上应用较多的是十字轴刚性万向节和等速万向节。十字轴刚性万向节主要用于发动机前置后轮驱动的变速器与驱动桥之间,等角速万向节主要用于发动机前置前轮驱动的内、外半轴之间。

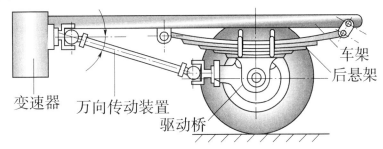

图 7-2 变速器与驱动桥之间的万向传动装置

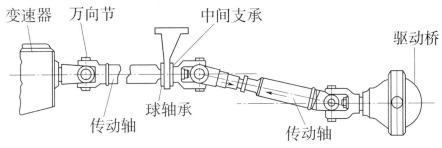

图 7-3 万向传动装置组成

汽车行驶过程中,变速器与驱动桥的相对位置经常变化,为避免运动干涉,传动轴用由滑动叉和花键轴组成的滑动花键连接,以适应传动轴长度的变化。为减少磨损,还装有用以加注滑脂的油杯、油封、堵盖和防尘套。

3 万向传动装置在汽车上的应用

(1)变速器与驱动桥之间(4×2汽车)。如图7-4所示,一般汽车的变速器、离合器与发动机三者装合为一体装在车架上,驱动桥通过悬架与车架相连。在负荷变化及汽车在不平路面行驶时引起的跳动,会使驱动桥输入轴与变速器输出轴之间的夹角和距离发生变化,需装万向传动装置。

(2)变速器与分动器、分动器与驱动桥之间(越野汽车)。如图7-5所示,为消除车架变形及制造、装配误差等引起的其轴线同轴度误差对动力传递的影响,需装万向传动装置。

(3)转向驱动桥的内、外半轴之间。如图7-6所示,转向时两段半轴轴线相交且交角变化,因此需要用万向传动装置。

(4)断开式驱动桥的半轴之间如图7-7所示,主减速器壳在车架上是固定的,桥壳上下摆动,半轴是分段的,需用万向传动装置。

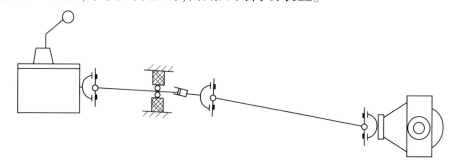

图 7-4　变速器与驱动桥之间的万向传动装置

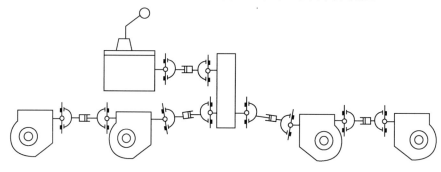

图 7-5　变速器与分动器、分动器与驱动桥之间的万向传动装置

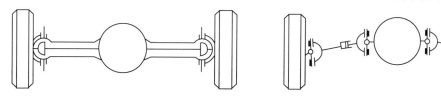

图 7-6　转向驱动桥内、外半轴之间的　　图 7-7　断开式驱动桥半轴之间的
　　　　　万向传动装置　　　　　　　　　　　　　　万向传动装置

(5)转向机构的转向轴和转向器之间。如图 7-8 所示,装万向传动装置有利于转向机构的总体布置。

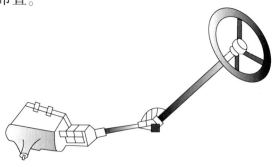

图 7-8　转向机构的转向轴和转向器之间的万向传动装置

(二)常见的万向节

1 十字轴刚性万向节

(1)十字轴刚性万向节组成及结构。

如图7-9所示,十字轴万向节的构造由十字轴、传动轴叉和套筒叉等组成。

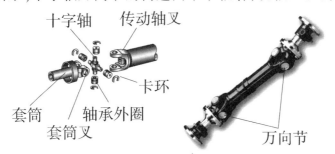

图 7-9 十字轴万向节的构造

十字轴刚性万向节如图7-10所示。它允许相邻两轴的最大交角为15°~20°。

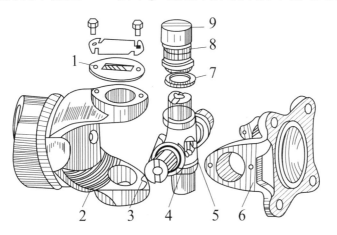

十字轴刚性万向节结构

图 7-10 十字轴刚性万向节

1-轴承盖;2、6-万向节叉;3-油杯;4-十字轴;5-安全阀;7-油封;8-滚针;9-套筒

万向节叉上的孔分别套在十字轴的四个轴颈上。在十字轴轴颈与万向节叉孔之间装有滚针和套筒,用带有锁片的螺栓和轴承盖来使之轴向定位。

万向节轴承的常见定位方式,除了用盖板定位外,还有用内、外弹性卡环进行定位。

为了润滑轴承,十字轴内钻有油道,且与油杯、安全阀相通,如图7-11所示。为避免润滑油流出及尘垢进入轴承,十字轴轴颈的内端套装着油封。安全阀的作用是当十字轴内腔润滑脂压力超过允许值时,阀打开润滑脂外溢,使油封不会因油压过高而损坏。现代汽车多采用橡胶油封,多余的润滑油从油封内圆表面与十字轴轴颈接触处溢出,故无须安装安全阀。

(2)十字轴刚性万向节的速度特性。

单个十字轴刚性万向节在主动轴和从动轴之间有夹角的情况下,当主动叉等角速转动时,从动叉是不等角速的,这称为十字轴刚性万向节的不等速特性,且两转轴之间的夹角α越大,不等速性就越大,如图7-12所示。

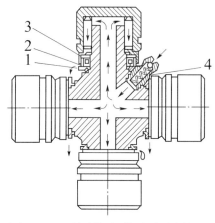

图7-11　润滑油道及密封装置

1-油封挡盘;2-油封;3-油封座;4-油杯

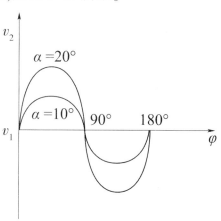

图7-12　十字轴刚性万向节的不等速特性

十字轴刚性万向节的不等速特性,将使从动轴及其相连的传动部件产生扭转振动,从而产生附加的交变载荷,影响部件寿命。

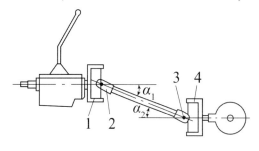

图7-13　双十字轴刚性万向节等速传动布置图

1、3-主动叉;2、4-从动叉

所以,可以采用图7-13所示的双十字轴刚性万向节的传动方式,第一万向节的不等速特性可以被第二万向节的不等速特性所抵消,从而实现两轴间的等角速传动。具体条件是:

①第一万向节两轴间夹角 α_1 与第二万向节两轴间夹角 α_2 相等;

②第一万向节的从动叉与第二万向节的主动叉处于同一平面。

由于悬架的振动,不可能在任何时候都保证 $\alpha_1 = \alpha_2$,因此,这种双十字轴刚性万向节的传动只能近似地解决等速传动问题,且由于两轴夹角最大只能是20°,因此使用上受到限制。

2　等速万向节

等速万向节的基本原理是传力点永远位于两轴交点的平分面上。图7-14所示为等速万向节的工作原理图。一对大小相等锥齿轮的接触点 P 位于两齿轮轴线交角的平分面上,由 P 点到两轴的垂直距离都等于 r。P 点处两齿轮的圆周速度相等,两齿轮的角速度也相等。可见,若万向节的传力点在其交角变化时,始终位于两轴夹角的平分面上,就能保证等速传动。

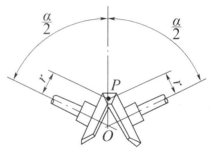

图 7-14 等速万向节的工作原理

等速万向节的常见结构形式有球笼式和球叉式。

1)球笼式等速万向节

(1)结构。

如图 7-15 所示,球笼式万向节由 6 个钢球、星形套、球形壳和保持架等组成。万向节星形套与主动轴用花键固接在一起,星形套外表面有 6 条弧形凹槽滚道,球形壳的内表面有相应的 6 条凹槽,6 个钢球分别装在各条凹槽中,由球笼使其保持在同一平面内。动力传递:主动轴→钢球→球形壳。

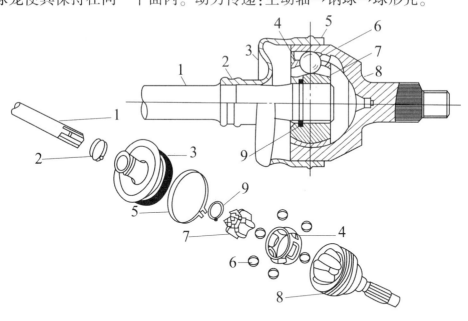

图 7-15 球笼式万向节结构

1-主动轴;2、5-钢带箍;3-外罩;4-保持架(球笼);6-钢球;7-星形套(内滚道);8-球形壳(外滚道);9-弹性挡圈

球笼式万向节工作时 6 个钢球都参与传力,故承载能力强、磨损小、寿命长。它被广泛应用于各种型号的转向驱动桥和独立悬架的驱动桥。完整的传动结构如图 7-16 所示。

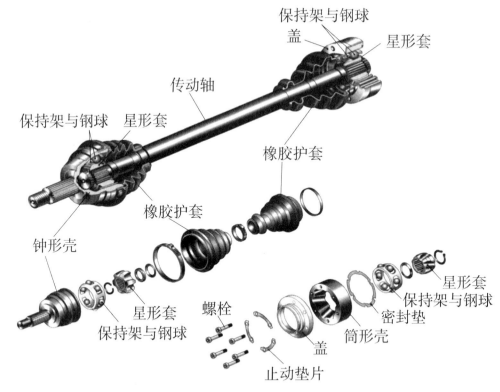

图7-16 球笼式等速万向节及半轴结构

由于等速万向节传递繁重的驱动力矩,随受负荷重,传动精度高,需求量很大,又是安全件,因此其主要零件均采用精锻件加工而成。

（2）检修。

检修时,主要是检查内、外等速万向节中各部件的磨损情况和装配间隙。一般外等速万向节酌情单件更换,而内等角速万向节,如某部件磨损严重,则应整体更换。

外等速万向节的6颗钢球要求有一定的配合公差,并与星形套一起组成配合件。检查轴、球笼、星形套与钢球有无凹陷与磨损,若万向节间隙过大,需更换万向节。

内等速万向节的检修要检查球形壳、星形套、球笼及钢球有无凹陷与磨损,如磨损严重则应更换。内等速万向节只能整体调换,不可单个更换。

防尘罩及卡箍、弹性挡圈等损坏时,应予以更换。

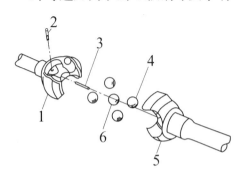

图7-17 球叉式万向节
1-从动叉;2-锁止销;3-定位销;4-传动钢球;5-主动叉;6-中心钢球

2）球叉式等速万向节

球叉式万向节如图7-17所示,它是由

主动叉、从动叉、4个传动钢球、中心钢球、定位销、锁止销组成。主动叉与从动叉分别与内、外半轴制成一体。在主、从动叉上,分别有4个曲面凹槽,装配后,则形成两个相交的环形槽,作为钢球滚道。4个传动钢球放在槽中,中心钢球放在两叉中心的凹槽内,以定中心。

球叉式万向节在工作的时候,只有两个钢球传力,磨损快,影响使用寿命,现在应用越来越少。

(三)传动轴和中间支承

1 传动轴

传动轴功用

(1)功用。

传动轴是万向传动装置中的主要传力部件。通常用来连接变速器(或分动器)和驱动桥,在转向驱动桥和断开式驱动桥中,则用来连接差速器和驱动车轮。

(2)结构。

传动轴有实心轴和空心轴之分。为了减轻传动轴的质量,节省材料,提高轴的强度、刚度,传动轴多为空心轴,一般用厚度为1.5~3.0mm的薄钢板卷焊而成,超重型货车则直接采用无缝钢管。

转向驱动桥、断开式驱动桥或微型汽车的传动轴通常制成实心轴。

传动轴是万向传动装置中能够传递动力的轴,它是一个高转速、少支承的旋转体,因此,它的动平衡是至关重要的。一般传动轴在出厂前都要进行动平衡试验,并在平衡机上进行调整。对前置后驱的车来说,是把变速器的传动传到主减速器的轴,它可以是好几节,节与节之间可以由万向节连接。传动轴的结构较为简单,通过与万向节相连,为汽车传动装置传递力矩,其结构如图7-18所示。

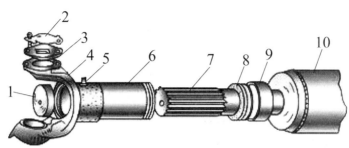

图7-18 传动轴结构

1-盖子;2-盖板;3-盖垫;4-万向节叉;5-加油嘴;6-伸缩套;7-滑动花键槽;8-油封;9-油封盖;10-传动轴管

传动轴两端的连接件装好后,应进行动平衡试验。在质量轻的一侧补焊平衡片,使其不平衡量不超过规定值。为防止装错位置和破坏平衡,滑动叉、轴管上都应刻有带箭头的记号。为保持平衡,油封上两个带箍的开口销应装在间隔180°位置上,万向节的螺钉、垫片等零件不应随意改换规格。为加注润滑脂方便,万向传动装置的油杯应在一条直线上,且万向节上的油杯应朝向传动轴。

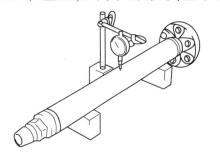

图7-19　检查传动轴径向圆跳动

（3）检修。

① 目视检查传动轴轴管,不得有裂纹及严重的凹瘪。

② 检查传动轴轴管全长上的径向圆跳动,如图7-19所示,应符合表7-1的规定。

传动轴轴管的径向圆跳动公差（mm）　　表7-1

轴长	小于600	600～1000	大于1000
径向圆跳动	0.6	0.8	1.0

轿车传动轴径向圆跳动应比表7-1的值相应减小0.2mm。中间传动轴支承轴颈的径向圆跳动为0.10mm。当传动轴轴管的径向圆跳动超过表7-1的规定时,应对传动轴进行校正或更换。

③ 检查传动轴花键与滑动叉花键、凸缘叉与所配合花键的侧隙:轿车应不大于0.15mm,其他类型的汽车应不大于0.30mm,装配后应能滑动自如。

❷ 中间支承

（1）功用。

传动轴分段时需加中间支承,中间支承通常装在车架横梁上,能补偿传动轴轴向和角度方向的安装误差以及汽车行驶过程中因发动机窜动或车架变形等引起的位移。

（2）结构。

中间支承常用弹性元件来满足上述功用。中间支承是由支架和轴承等组成,双列锥轴承固定在中间传动轴后部的轴颈上。带油封的支承盖之间装有弹性元件橡胶垫环,用三个螺栓紧固。紧固时,橡胶垫环会径向扩张,其外圆被挤紧于支架的内孔。

东风EQ1090汽车的中间支承如图7-20所示。轴承可在轴承座内轴向滑动,轴承座装在蜂窝形橡胶垫内,通过U形支架固定在车架横梁上。

(3)检修。

①检查中间支承的橡胶垫环是否开裂、油封磨损是否过甚而失效、轴承松旷或内孔磨损是否严重,如图7-21所示。如果是,均应更换新的中间支承。

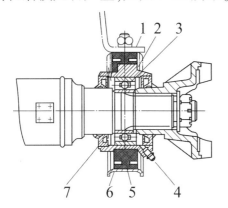

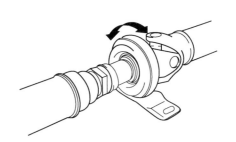

图7-20 东风EQ1090汽车的中间支承
1-车架横梁;2-轴承座;3-轴承;4-油杯;
5-蜂窝形橡胶;6-U形支架;7-油封

图7-21 检查中间支承

②中间支承轴承经使用磨损后,需及时检查和调整,以恢复其良好的技术状况。以解放CA1092型汽车为例,其传动系中间支承为双列圆锥滚子轴承,有两个内圈和一个外圈,两内圈中间有一个隔套,供调整轴向间隙用。磨损使中间支承轴向间隙超过0.30mm时,将引起中间支承发响和传动轴严重振动,导致各传力部件早期损坏。

调整方法:拆下凸缘和中间轴承,将调整隔板适当磨薄,传动轴承在不受轴向力的自由状态下,轴向间隙在0.15~0.25mm之间,装配好后用195~245N·m的力矩拧紧凸缘螺母,保证轴承轴向间隙在0.05mm左右,即转动轴承外圈而无明显的轴向游隙为宜,最后从油嘴注入足够的润滑脂,以减小磨损。

(四)万向传动装置常见故障

1 万向节松旷

(1)故障现象。

在汽车起步或突然改变车速时,传动轴发出"吭"的响声;在汽车缓行时,发出"咣当、咣当"的响声。

(2)故障原因。

①凸缘盘连接螺栓松动。

②万向节主、从动部分游动角太大。

③万向节十字轴磨损严重。

(3)故障诊断与排除方法。

①用锤子轻轻敲击各万向节凸缘盘连接处,检查其松紧度。太松旷则故障由连接螺栓松动引起,否则继续检查。

②用双手分别握住万向节主、从动部分转动,检查游动角度。游动角度太大,则故障由此引起。

❷ 传动轴异响

(1)故障现象。

汽车行驶中传动装置发出周期性的响声,车速越高响声越大,严重时伴随有车身振动。

(2)故障原因。

主要原因是传动轴动不平衡、传动轴变形或平衡块脱落等;其次是中间支承吊架固定螺栓松动或万向节凸缘盘连接螺栓松动,使传动轴偏斜。

(3)故障诊断与排除方法。

除按"传动轴动不平衡"故障诊断方法外,再检查中间支承吊架固定螺栓和万向节凸缘盘连接螺栓是否松动,若有松动,则异响由此引起。

万向节或中间支承轴承发热的故障原因及排除方法。

①万向节轴承或中间支承轴承缺油,排除方法:加注润滑脂。

②中间支承支架安装不正,排除方法:校正支架使轴承与传动轴垂直。

③油封过紧,排除方法:应低速磨合并在刃口处加油。

❸ 传动轴动不平衡

(1)故障原因。

①传动轴弯曲或传动轴管凹陷;

②中间支承固定螺栓松动;

③中间支承轴承位置偏斜;

④万向节损坏,安装不合要求;传动轴的凸缘和轴管焊接时位置歪斜。

⑤传动轴上原平衡块脱落。

(2)故障诊断与排除方法。

①检查传动轴是否凹陷,若有凹陷,则故障由此引起;若没有凹陷,则继续检查。

②检查传动轴管上的平衡片是否脱落。
③检查伸缩叉安装是否正确,不正确,则故障由此引起;否则,继续检查。
④拆下传动轴进行动平衡试验,若动不平衡,则应校准以消除故障。

4 传动轴中间支承松旷

(1)故障现象。当汽车行驶时,发出"呜,呜"的响声,车速越快,声音越大,即为中间支承损坏故障。

(2)故障原因。
①滚动轴承缺陷:油烧蚀或磨损严重。
②中间支撑安装方法不当,造成附加载荷而产生异常磨损。
③橡胶圆环磨损。
④车架变形,造成前后连接部分的轴线在水平面内的投影不同线而产生异常磨损。

(3)故障诊断与排除方法。
①给中间支撑轴承加注润滑脂,响声消失,则故障由缺油引起的。
②松开夹紧橡胶圆环的所有螺钉,待传动轴转动数圈后在拧紧否则可能是,橡胶圆环损坏,或者滚动轴承技术状况不佳或者车架变形等引起。

二 任务实施

凯越轿车传动轴内万向节和密封的更换(手动)。

1 准备工作

(1)常用工具一套,车辆,举升设备;
(2)专用工具:密封卡箍钳子。

2 技术要求与注意事项

(1)拆卸传动轴之前,要先排放变速器油。
(2)拆卸时,不要损坏速度传感器及其配线。
(3)在更换之前先拆下传动轴,如图7-22所示。

3 操作过程

1)拆卸程序
(1)拆卸大密封固定卡箍,将卡箍报废。
(2)拆卸小密封固定卡箍,将卡箍报废,传动轴内万向节如图7-23所示。

图7-22 拆传动轴

(3)擦除万向节上的润滑脂。

(4)用专用工具拆卸轴固定环,如图7-24所示。

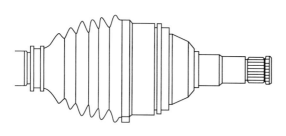

图7-23　传动轴内万向节　　　　图7-24　拆卸轴固定环

(5)从万向节总成上拆卸半轴,如图7-25所示。

注意:钢球保持架锁定就位,而且不能维修。试图维修钢球保持架会导致车辆性能下降并且可能导致人身伤害。

(6)从万向节总成上拆卸密封。

2)安装程序

(1)将新的小密封固定卡箍安装到密封上,不要卷边。

(2)将密封安装到半轴上。

(3)将万向节总成安装到半轴上,如图7-26所示。

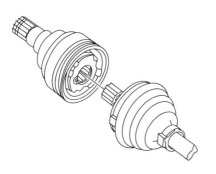 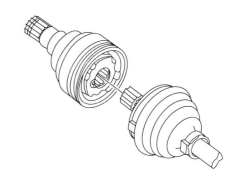

图7-25　万向节总成上拆卸半轴　　图7-26　万向节总成安装到半轴上

(4)用专用工具安装轴固定环,如图7-27所示。

(5)将120~140g的推荐润滑脂填入万向节总成,再将120~140g的推荐润滑脂填入三销架。

(6)用专用工具安装新的大密封固定卡箍,如图7-28所示。

(7)卷曲新的大密封固定卡箍。

(8)给新的小密封固定卡箍卷边。

项目四 万向传动装置维修

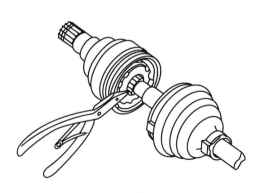

图7-27 安装轴固定环

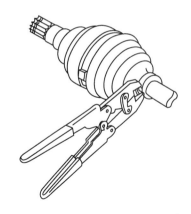

图7-28 安装新的大密封固定卡箍

三 学习拓展

汽车传动轴的结构特点及常见故障诊断与排除

汽车传动轴是汽车传动系统的重要组成部分,其工作状态直接关系着车辆的行驶是否安全。怎样确保汽车传动轴的正常工作呢?这就需要我们了解汽车传动轴的结构特点,清楚汽车传动轴的常见故障并及时排除并且经常对其进行保养。本文将为你介绍汽车传动轴的结构特点及常见故障诊断与排除。

1 汽车传动轴的结构特点

重型载货汽车根据驱动形式的不同选择不同形式的传动轴。一般来讲4×2驱动形式的汽车仅有一根主传动轴。6×4驱动形式的汽车有中间传动轴、主传动轴和中、后桥传动轴。6×6驱动形式的汽车不仅有中间传动轴、主传动轴和中、后桥传动轴,而且还有前桥驱动传动轴。在长轴距车辆的中间传动轴一般设有传动轴中间支承,它是由支承架、轴承和橡胶支承组成。

汽车传动轴是由轴管、伸缩套和万向节组成。伸缩套能自动调节变速器与驱动桥之间距离的变化。万向节是保证变速器输出轴与驱动桥输入轴两轴线夹角的变化,并实现两轴的等角速传动,一般由万向节十字轴、十字轴承和凸缘叉等组成。斯太尔系列重型汽车使用的传动轴万向节采用滚柱十字轴轴承,配合以短而粗的十字轴,可传递较大的转矩。在轴承端面设有蝶形弹簧,以压紧滚柱。十字轴的端面增加了具有螺旋槽的强化尼龙垫片,可防止大夹角或大转矩传递动力时烧结。

传统结构的传动轴伸缩套是将花键套与凸缘叉焊接在一起,将花键轴焊在传动轴管上。而GWB公司的传动轴一改传统结构,将花键套与传动轴管焊接成一体,将花键轴与凸缘叉制成一体,并将矩形齿花键改成大压力角渐开线短齿花键,这样既增加了强度又便于挤压成形,适应大转矩工况的需要。在伸缩套管和花键轴的牙齿表面,整体涂浸了一层尼龙材料,不仅增加了耐磨性和自润滑性,而且减少了冲击负荷对传动轴的损害,提高了缓冲能力。

该型汽车传动轴在凸缘花键轴外增加了一个管形密封保护套,在该保护套端部设置了两道聚氨酯橡胶油封,使伸缩套内形成了一个完全密封的空间,使伸缩花键轴不受外界沙尘的侵蚀,不仅防尘而且防锈。因此,装配时在花键轴与套内一次性涂抹润滑脂,就完全可以满足使用要求,不需要装油杯润滑,减少了维护内容。

❷ 汽车传动轴常见故障诊断与排除

汽车传动轴机件的损坏、磨损、变形以及失去动平衡,都会造成汽车在行驶中产生异响和振动,严重时会导致相关部件的损坏。汽车行驶中,在起步或急加速时发出"咯噔"的声响,而且明显表现出机件松旷的感觉,如果不是驱动桥传动齿轮松旷,则显然是传动轴机件松旷。松旷的部位不外乎是万向节十字轴承或钢碗与凸缘叉、伸缩套的花键轴与花键套。一般来讲,十字轴轴径与轴承旷量不应超过0.13mm,伸缩花键轴与花键套啮合间隙不应大于0.3mm。间隙量超过极限应当修复或更换。

汽车行驶中若底盘发生"嗡嗡"声,而且运行速度越高,声音越大。这一般是由于万向节十字轴与轴承磨损松旷、传动轴中间轴承磨损、中间橡胶支承损坏或吊架松动,或是由于吊架固定的位置不对所致。

6×4汽车在重负荷时,特别在行驶颠簸中偶尔发出敲击声,应注意检查中后桥平衡轴是否变位而与传动轴发生干涉。汽车运行中若随着车速的增高而噪声增大,并且伴随有抖动,这一般是由于传动轴失去平衡所致。这种振动在驾驶室内感觉最为明显。

汽车传动轴动平衡失效严重会导致相关部件的损坏。最常见的是离合器壳裂纹和中间橡胶支承的疲劳损坏。

汽车传动轴中间吊架的安装在维修中十分重要。如果吊架安装位置不当,会增加传动轴运转阻力和噪声,导致轴承的早期损坏。在重新安装吊架时,首先将吊架固定螺栓不要拧紧,将汽车驱动轮用千斤顶支离地面,挂低速挡,慢慢旋转传动轴使传动轴和吊架自动找正,然后再将吊架固定螺栓拧紧。

3 汽车传动轴的使用与维护

为了确保汽车传动轴的正常工作,延长其使用寿命,在使用中应注意以下几个方面。

(1) 严禁汽车用高速挡起步。

(2) 严禁猛抬离合器踏板。

(3) 严禁汽车超载、超速行驶。

(4) 应经常检查传动轴工作状况。

(5) 应经常检查传动轴吊架紧固情况,支承橡胶是否损坏,汽车传动轴各连接部位是否松旷,传动轴是否变形。

(6) 为了保证传动轴的动平衡,应经常注意平衡焊片是否脱焊。新传动轴组件是配套提供的,在新传动轴装车时应注意伸缩套的装配标记,应保证凸缘叉在一个平面内。在维修拆卸传动轴时,应在伸缩套与凸缘轴上打印装配标记,以备重新装配时保持原装配关系不变。

(7) 应经常为万向节十字轴承加注润滑脂。夏季应注入3号锂基润滑脂,冬季注入2号锂基润滑脂。

汽车传动轴的结构都比较简单,但它在汽车传动系统中的作用却非常大,在汽车的转向操纵机构中、越野汽车的绞盘传动系统中、在其他的动力传递系统中都能看到传动轴的身影。汽车传动轴大多在比较恶劣的环境中工作,为了确保汽车传动轴的正常工作,掌握汽车传动轴的结构特点、汽车传动轴的使用与保养、了解汽车传动轴常见故障诊断与排除就显得尤为重要。

四 评价与反馈

1 自我评价

(1) 通过本任务的学习,你是否已经知道以下问题:

① 万向传动装置的作用是什么?

② 拆装传动轴密封套大致流程是什么?

(2) 本任务的学习过程中用到了哪些设备?

(3)实训过程完成情况如何?

_____

(4)通过本任务的学习,你认为自己的知识和技能还有哪些欠缺?

_____

签名:_____   ____年___月___日

❷ **小组评价**(表7-2)

小 组 评 价 表　　　　　　表7-2

序号	评 价 项 目	评 价 情 况
1	着装是否符合要求	
2	是否能合理规范地使用仪器和设备	
3	是否按照安全和规范的流程操作	
4	是否遵守学习、实训场地的规章制度	
5	是否能保持学习、实训场地整洁	
6	团结协作情况	

参与评价的同学签名:_____   ____年___月___日

❸ **教师评价**

_____

_____

教师签名:_____   ____年___月___日

五 技能考核

根据学生完成实训任务的情况对学习效果进行评价。技能考核标准见表7-3。

技 能 考 核 标 准　　　　　　表7-3

序号	项　目	操 作 内 容	规定分	评 分 标 准	得分
1	准备工作	升车、准备防护三件套	5	每一项未完成扣1分,扣完为止	
2	拆卸传动轴	按照步骤正确拆卸	10	拆卸传动轴,每一项未完成扣5分	

续上表

序号	项目	操作内容	规定分	评分标准	得分
3	拆卸大小密封固定卡箍	规范操作,并报废	15	拆卸大小密封固定卡箍,每一项未完成扣5分	
4	拆卸轴固定环	按照步骤正确拆卸	10	按步骤拆卸轴固定环,每一项未完成扣5分	
5	安装大小密封固定卡箍	按照步骤正确拆卸	15	安装大小密封固定卡箍,每一项未完成扣5分;正确使用工具5分	
6	安装轴固定环	按照步骤正确拆卸	15	正确安装轴固定环,每一项未完成扣5分	
7	传动轴安装	按照步骤正确拆卸	15	传动轴安装,每一项未完成扣5分	
8	工位整理	工具、设备、场地整理	10	达到6S要求5分	
9	安全作业	有不安全操作的2分/次	5	安全作业每一项未完成扣1分,扣完为止	
		总分	100		

六 思考与练习

1. 简述万向传动装置结构组成与功用及其在汽车上的应用。
2. 简述十字轴式刚性万向节工作特性。
3. 简述等速万向节工作特性。
4. 简述万向节的检修步骤。
5. 简述传动轴的检修步骤。
6. 简述中间支承的检修步骤。
7. 简述万向传动装置的常见故障。

项目五　自动变速器的检修

学习任务8　自动变速器的结构认识与部件检修

学习目标

 知识目标

1. 掌握自动变速器的作用、组成以及分类；
2. 掌握自动变速器各组成部件的结构、功用及工作原理；
3. 掌握自动变速器油的作用、特点及油品检测方法。

 技能目标

1. 能规范进行自动变速器的基本检查；
2. 能检查自动变速器的泄漏情况，并更换自动变速器油；
3. 能对单向离合器、离合器、制动器以及油泵等自动变速器主要部件进行检修。

 建议课时

16课时。

汽车运用与维修 1+X 证书制度——职业技能等级标准

模块:汽车动力与驱动系统综合分析系统模块等级证书

技能大纲:1-1 汽车动力与驱动系统综合分析系统模块等级证书(初级)

工作任务:1.变速器系统检查保养

职业技能	技能要求	知识要求
1.1 自动变速器的检查维护	1.1.1 能检查配备油尺的自动变速器或联动传动器上的液位 1.1.2 能检查没有配备油尺的自动变速器或联动传动器上的液位 1.1.3 能检查变速器油液油质 1.1.4 能检查、调整或更换外壳手动换挡阀、变速器挡位传感器或开关和驻车或空挡位置开关 1.1.5 能检查变速器外壳、油封、垫片和衬套的泄漏情况 1.1.6 能更换油液和滤清器 1.1.7 能选用符合厂家要求的油液	1.1.1 配备油尺的变速器油位标准判读 1.1.2 没有配备油尺的变速器油位标准判读 1.1.3 变速器的油液油质检查方法 1.1.4 手动换挡阀、变速器挡位传感器或开关和驻车或空挡位置开关的识别 1.1.5 变速器外壳油封、垫片和衬套的泄漏检查细则 1.1.6 变速器的油液及滤清器的更换流程 1.1.7 自动变速器油液类型判读 1.1.8 变速器总成的拆装流程

续上表

职业技能	技能要求	知识要求
1.1 自动变速器的检查维护	1.1.8 能对变速器总成进行拆装 1.1.9 能对双离合变速器检查保养 1.1.10 能对无级变速器检查保养 1.1.11 能对自动变速器的故障码和数据流的读取	1.1.9 双离恰合变速器检查保养流程 1.1.10 无级变速器检查保养流程 1.1.11 自动变速器的故障码和数据流的读取流程

一辆行驶里程为60000km的上海通用别克凯越轿车,车辆行驶中2挡换3挡时有较大冲击,其他挡位换挡时也有不平顺的感觉。作为维修技师,请你根据汽车自动变速器的结构和特点向客户解释故障原因,并做基本的检查。

一 理论知识准备

(一)自动变速器简介

自动变速器是相对于手动变速器而出现的一种变速装置,通常来说是一种可以在车辆行驶过程中自动改变齿轮传动比的汽车变速器,从而使驾驶员不必手动换挡,也用于大型设备铁路机车。自动变速器如图8-1所示。

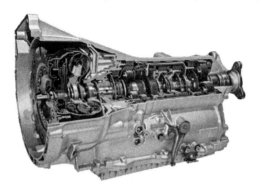

图8-1 自动变速器

❶ 组成

一般来说,自动变速器的挡位分为 P、R、N、D、2、1 或 L 等。自动变速器的厂牌型号很多,外部形状和内部结构也有所不同,但它们的组成基本相同,都是由液力变矩器和齿轮式自动变速器组合起来的。常见的组成部分有液力变矩器,变速齿轮机构,离合器,制动器,单向离合器,油泵、滤清器、管道、控制阀体、速度调压器等,按照这些部件的功能,可将它们分成液力变矩器、变速齿轮机构、液压系统、换挡控制系统和换挡操纵机构等五大部分。

❷ 分类

按结构和控制方式分,可分为液力自动变速器(AT)、机械式无级自动变速器(CVT)、电控机械自动变速器(AMT)和双离合器自动变速器(DCT)。

按传动方式分,可分为有级式自动变速器、无级式自动变速器。

按驱动方式分,可分为前驱式自动变速器、后驱式自动变速器。

按传动机构类型分,可分为平行轴式自动变速器、行星齿轮式自动变速器、钢带传动式自动变速器。

❸ 自动变速器油

自动变速器油(ATF)是专门用于自动变速器的油液。自动变速器油既是液力变矩器的传动油,又是行星齿轮结构的润滑油和换挡装置的液压油。变速器油的黏度与温度有关,温度低,则黏度高,温度高则黏度低。黏度过低或过高都会不同程度地影响变速器的运行甚至造成泄漏。变速器油滤清器使变速器油保持清洁,防止油中的杂质导致变速器部件磨损或损坏,变速器油冷却器则用来对变速器油进行散热,确保油温在合适的范围。许多乘用车使用水冷式冷却器,它安装在发动机冷却液散热器当中,利用发动机的冷却系统散热。

(二)自动变速器的组成部件与工作原理

下面就以液力自动变速器(AT)为例,具体讲解一下自动变速器的工作情况与工作原理。

❶ 液力变矩器

液力变矩器是在液力偶合器的基础上,加了能改变油液力矩方向的导轮,从而形成了能改变传动比的液力传动装置。其组成主要包括主动的泵轮、从动的涡轮、单向固定的导轮和工作介质(ATF),如图 8-2 所示。

图 8-2　液力变矩器结构图

变速器油泵使变速器油进入变矩器循环。变矩器离心泵,使变速器油从泵轮与发动机曲轴相连,发动机的运转带动泵轮旋转,旋转的泵轮通过油流驱动涡轮,流出涡轮的油流通过导轮调整方向后再作用到泵轮上,如图 8-3 所示。

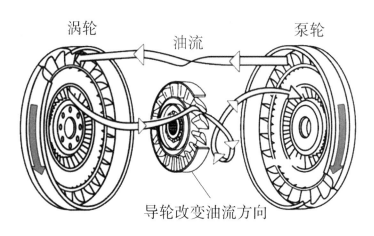

图 8-3　变矩器油流路径

当液力变矩器锁止离合器工作时,会把泵轮、涡轮刚性连在一起,减少液力变矩器在高速比时的能量损耗,提高传动效率,提高汽车在正常行驶时的燃油经济性,并防止 ATF 过热,如图 8-4 所示。

❷ 行星齿轮机构

汽车自动变速器行星齿轮机构主要有两种类型,一种是辛普森式行星齿轮机构,另一种是拉维娜式行星齿轮机构。其中,辛普森式行星齿轮机构最为常见,如图 8-5 所示。

项目五　自动变速器的检修

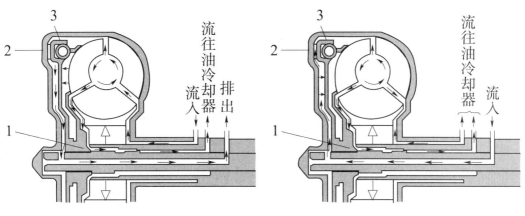

a) 锁止工况　　　　　　b) 变矩、偶合工况

图 8-4　液力变矩器锁止离合器图

1-涡轮连接；2-泵轮连接；3-结合压盘

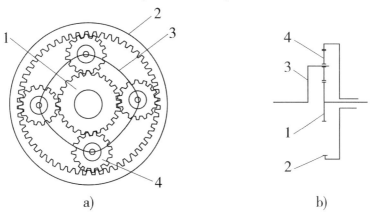

a)　　　　　　　　　　b)

图 8-5　辛普森式行星齿轮机构图

1-太阳轮；2-齿圈；3-行星架；4-行星齿轮

单排辛普森式行星齿轮机构能实现 7 个挡位，其中太阳轮、齿圈、行星架的运动规律如下。

固定其中任意一个元件，能实现高、低速两个挡位。并且相邻两个元件，运转方向相同；相隔两个元件，运转方向相反。其中任意两个元件相连接，则能实现直接挡，所有元件运转方向与输入方向相同。没有元件固定，则为空挡，元件运转方向根据实际受力情况而定。

3　液压系统

液压系统主要有油泵、滤清器、冷却器、阀体、换挡执行元件及管道等组成。

（1）油泵。

油泵是液力式自动变速器 ATF 流动的动力源泉，是保证自动变速器正常工作的重要元件,常见的有齿轮泵、转子泵、叶片泵等,其结构如图8-6所示。

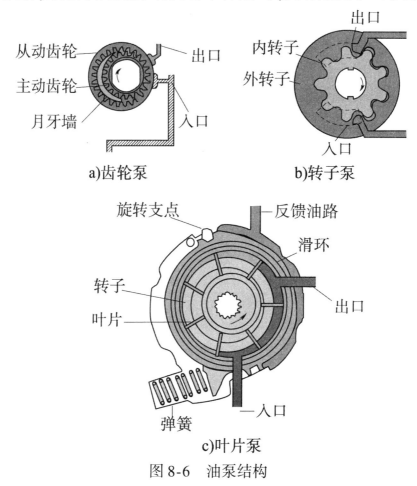

图8-6 油泵结构

(2)换挡执行元件。

行星齿轮变速器的换挡执行元件主要有单向离合器、离合器和制动器三种,其基本作用是连接、固定和锁止,让行星齿轮机构获得不同的传动比,从而实现各挡位的变换。

①单向离合器。单向离合器广泛应用于行星齿轮变速器及液力变矩器中,它是依靠其单向锁止原理来实现固定或连接作用的。单向离合器无须控制机构,其工作完全由与之相连接元件的受力方向来控制,可保证平顺无冲击换挡,同时还能大大简化液压控制系统。

单向离合器常见的类型有滚柱式和楔块式两种。

滚柱式单向离合器利用弹簧把滚柱固定在离合器内、外座圈之间适当位置,外座圈的内表面有若干个凸轮形缺口,滚柱和弹簧位于内、外座圈之间的滚道中。当外座圈相对于内座圈逆时针转动时,内、外座圈之间的摩擦力使滚柱滚向外座圈缺口较大的区域,内、外座圈之间可正常转动。当外座圈相对于内座圈顺时针转动时,内、外座圈之间的摩擦力使滚柱滚向外座圈缺口较小的区域,最终将内、外座圈卡住,使之不能旋转,如图8-7所示。

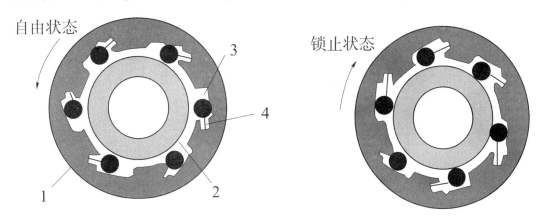

图8-7 滚柱式单向器

1-外座圈;2-内座圈;3-滚柱;4-弹簧

楔块式单向离合器由内圈外圈和楔块组成,如图8-8a)所示。外圈固定,顺时针转动内圈时,楔块将被撑开,使外圈和内圈锁住,内圈不能顺时针转动,如图8-8b)所示;逆时针转动内圈时,由于楔块倾斜,在外圈和内圈之间形成一定的空间,允许外圈和内圈之间有相对运动,内圈可以自由转动,如图8-8c)所示。

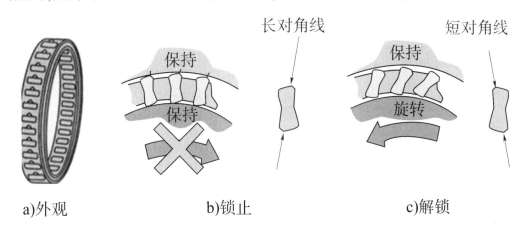

a)外观　　　　　b)锁止　　　　　c)解锁

图8-8 楔块式单向离合器

②离合器。自动变速器的行星齿轮变速换挡执行机构中的离合器,按工作原理的不同,可分为片式和爪型。其中最常用的是多片湿式离合器,它通常由离合器鼓、离合器活塞、复位弹簧、弹簧座、一组钢片、一组摩擦片、调整垫片、离合器毂及几个密封圈组成,如图8-9所示。

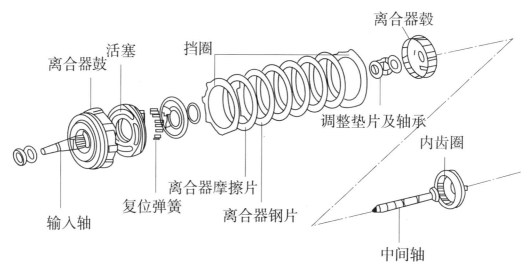

图 8-9 离合器零件分解图

离合器摩擦片两面涂有摩擦材料,摩擦片的内花键与离合器毂的外花键槽配合,摩擦片可在毂的键槽轴向移动,但不能相对转动;离合器的外花键与离合器鼓得键槽配合,钢片可在鼓上轴向移动,但不能转动。离合器的钢片和摩擦片相间排列,钢片和摩擦片的结合与分离,完全受离合器的液压活塞控制。

离合器的液压活塞装在离合器鼓内,由橡胶密封圈将液压油密封在离合器鼓的腔内。

离合器的工作原理如图 8-10 所示。

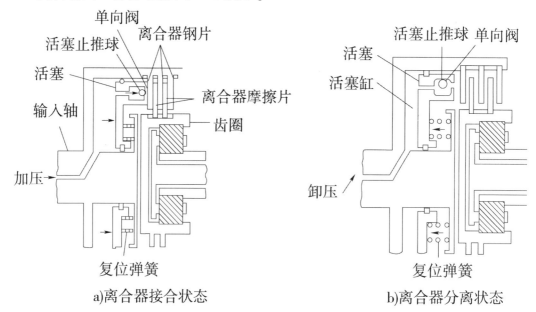

图 8-10 离合器工作原理图

离合器的结合:当控制油液经油道进入活塞左面的液压缸时,液压力克服复位弹簧的弹力使活塞右移,关闭止回阀,将所有离合器片压紧,及离合器接合,与离合器主、从动部分相连的输入轴及形象齿轮机构元件也被连接在一起,以相同的速度旋转。动力经输入轴、离合器钢片、离合器摩擦片传给齿圈。

离合器分离:当控制油压减小(即作用在离合器液压缸的油压撤除)时,活塞缸内的液压下降,是止回阀钢球在离心力的作用下离开阀座,活塞缸外缘的油液经止回阀流出;同时,离合器活塞在复位弹簧的作用下恢复原位,将缸内的变速器油从进油孔排出。

③制动器。多片湿式制动器通常由制动器活塞、复位弹簧、制动器鼓、制动器摩擦片、制动器钢片等组成,如图8-11所示。

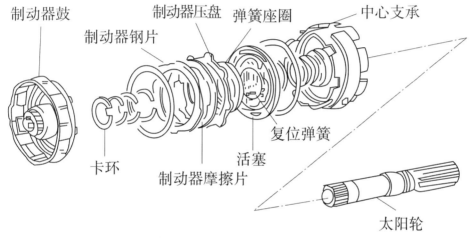

图8-11 多片湿式制动器零件分解图

多片湿式制动器的工作原理与湿式离合器基本相同,只是其钢片通过外花键齿安装在变速器壳体的内花键上,摩擦片则通过花键齿和制动器鼓上的外花键槽连接,制动器鼓与行星齿轮的元件相连,如图8-12所示。

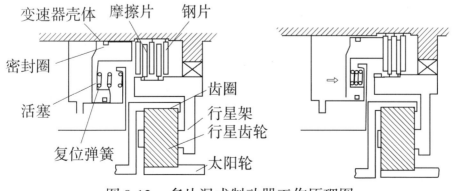

图8-12 多片湿式制动器工作原理图

制动器制动：当活塞受到控制油压的作用时，活塞在活塞缸内运动，使摩擦片与钢片相互接触，其结果是，在每个摩擦片与钢片之间产生很大的摩擦力，是使行星齿轮机构某一元件或单向离合器锁止在变速器壳体上。

制动器解除：当控制油压降低时，由于复位弹簧的作用，活塞回到原位，是制动解除。

④ 换挡控制系统

换挡控制系统根据节气门开度和车速等，按照设定的换挡规律，自动地接通或切断某些换挡离合器的供油油路，使离合器接合或分离，以改变齿轮机构的传动比，从而实现自动换挡。

换挡控制系统有机械液压控制和电子液压控制两种形式，早期车辆装备的自动变速器大多采用机械液压控制换挡，而当前车辆所装备的自动变速器均采用电子液压控制换挡。

在电子液压控制部分中，某些液压油路改由电磁阀控制，电磁阀则由自动变速器控制模块控制，这就组成了电子液压控制的换挡控制系统，如图 8-13 所示。自动变速器控制模块根据自动变速器的输入转速、输出转速、油温、节气门位置等传感器的信号来控制相关电磁阀的工作，电磁阀改变阀体内部油液的流向，从而控制换挡执行装置的接合和分离，以此达到控制换挡的目的。

图 8-13　电磁阀总成

⑤ 换挡操纵机构

自动变速器中换挡执行机构有手动选择阀的操纵机构和节气门阀的操纵机构等。驾驶员通过自动变速器的操纵手柄改变阀板内的手动阀位置，控制系统根据手动阀的位置及节气门开度、车速、控制开关的状态等因素，利用液压自动控制或电子自动控制，按照一定的规律控制齿轮变速器中的换挡执行机构的工作,实现自动换挡。在液压控制系统中,增设控制某些液压油路的电磁阀,就成了电器控制的换挡控制系统,若这些电磁阀是由电子计算机控制的,则成为电子控制的换挡系统。

二 任务实施

自动变速器常见故障是由于发动机怠速不正常、ATF液面高度不正确、油质不良、选挡杆位置不准确等原因造成的,对这些方面的检查就是自动变速器的初步检查。初步检查是自动变速器检修中要首先进行的,具体来说,包括:ATF检查和更换、变速器油泄漏情况检查等;这些项目也是自动变速器维护保养所需进行的项目。另外,在自动变速器机械方面的检修还包括常见的单向离合器检修、离合器和制动器检修、油泵检修等,本课程将在此介绍以上检修项目。

(一)准备工作

(1)准备5台别克凯越轿车、与别克凯越型号相匹配的ATF。

(2)准备举升设备、常用工具、抹布若干等。

(3)坐套、转向盘套、换挡手柄套、脚垫、翼子板护围等。

(4)凯越维修手册。

(二)技术要求与注意事项

(1)针对不同的车型,请查阅维修手册,按照步骤进行。

(2)更换ATF的选择要按照厂家的推荐。

(3)放油前,应将变速器预热到工作温度。

(三)操作过程

1 ATF检查和更换

(1)ATF液面高度的检查。ATF液面高度过高会导致主油压过高,从而出现换挡冲击振动、换挡提前等故障;ATF油液面高度过高还会导致空气进入ATF液中。如果ATF液位高度过低则又会导致主油压过低,从而出现换挡滞后、离合器和制动器打滑等故障。

多数自动变速器在变速器油加注口安装有用于检查油位的油尺,可通过油尺上的标记来查看油位是否在正常范围,如图8-14所示。ATF油液面高度检查的具体方法、步骤是:

①行驶车辆,使发动机冷却液温度和自动变速器 ATF 油温度达到正常工作温度;

②将车辆停在水平地面,并可靠驻车;

③发动机怠速运转,将选挡杆由 P 位换至 L 位,再退回 P 位;

④拉出变速器油尺,并将其擦拭干净;

⑤将油尺全部插回套管;

⑥再将油尺拉出,检查油面是否在 HOT 范围,如图 8-15 所示;如果不在 HOT 范围,应加油。一般车辆经过 1 万公里的行驶里程就要检查 ATF 液面高度。

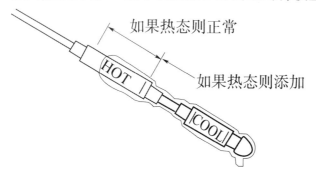

图 8-14　ATF 液面高度的检查

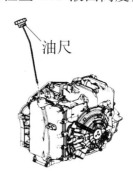

图 8-15　带油尺的变速器油加注口

有些自动变速器没有检查油位的油尺,它会在壳体侧面有油位检查孔。

下面以上汽通用别克的 CF6 型自动变速器为例,介绍无油尺自动变速器的油位检查步骤:

①起动发动机,踩下制动踏板并将换挡杆挂到每个挡位,且在每个挡位停顿 3s。然后将换挡杆挂回 P 挡,松开制动踏板。

②使发动机怠速运行至少 3min,从而使油液泡沫消散、油位稳定。

③保持发动机运转,通过故障诊断仪读取变速器油温。

注意:油温为 85～95℃ 时,检查变速器油液位。如果不在此温度范围内检查油液位,将导致变速器油加注不足(油温高于 95℃ 时检查)或加注过量(油温在 60～85℃ 之间时检查)。

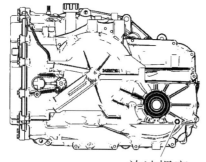

图 8-16　GF6 变速器油位检查螺塞

④举升车辆并保持水平,换挡杆位于 P 挡,发动机怠速运行,拆下油位检查螺塞,如图 8-16 所示。

⑤观察变速器油是否从检查孔滴落。如果变速器油稳定地流出检查孔,则等待直到变速器油开始滴落;如果没有变速器油滴落,则添加查到变速器油滴落。

⑥必要时,执行油品检测。

⑦将油位检查螺塞装回,并按规定力矩拧紧。

(2) ATF油质的检查。从油质中可以了解自动变速器具体的损坏情况。油质的好坏主要从以下几个方面去判断。

①ATF的颜色:正常颜色为鲜亮、透明的红色。如果发黑,则说明已经变质或有杂质;如果呈粉红色或白色,则说明油冷却器进水。

②ATF的气味:正常的ATF没有气味。如果有焦糊味,说明ATF过热,有摩擦材料烧蚀。

③ATF的杂质:如果ATF中有金属切屑,说明有元件严重磨损或损伤;如果ATF中有胶质状油,说明ATF因油温过高或使用时间过长而变质。

检查ATF油质时,从油尺上闻一闻油液的气味,在手指上点少许油液,用手指互相摩擦看是否有颗粒,或将油尺上的油液滴在干净的白纸上,检查油液的颜色色及气味。

(3) ATF的更换。ATF的更换间隔一般为2万~4万km或24个月,也有的自动变速器10万km里程更换即可,具体方法、步骤如下。

①拆下放油塞,将ATF排放到容器中,如图8-17所示;

②再将放油塞紧固上;

③发动机熄火,通过加油管加入新油;

④起动发动机,将选挡杆由P位换至L位,再退回P位;

⑤检查油位,应在"COOL"范围内;

⑥在正常温度(70~80℃)时检查油位,必要时加油。

需要说明的是,有些自动变速器如丰田新皇冠的A761E,不采用上述的方式。加注

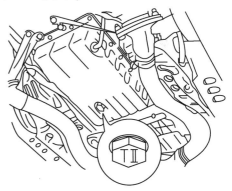

图8-17 更换ATF

或更换ATF时,先拆下注液塞和溢流塞,从注液孔处注入ATF直到油液从溢流孔流出即可。

ATF的选择要按照厂家的推荐。如图8-17所示,在放油塞上标明所使用的ATF为TⅡ型。

❷ 自动变速器油泄漏检查

一般情况下,ATF 不会消耗,如果 ATF 液面高度变低,就要检查自动变速器是否有漏油的地方。

漏油会导致油压下降、液面高度下降,使换挡打滑和延迟。目视检查油封、管接头等部位。常见自动变速器漏油的检查部位如图 8-18 所示。

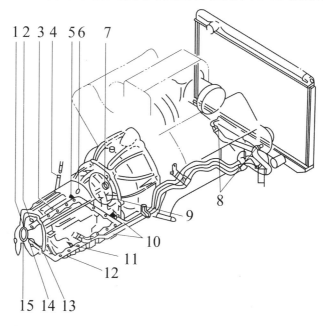

图 8-18 自动变速器漏油的检查

1-2 号车速传感器 O 形圈;2-转速传感器 O 形圈;3-电磁线圈配线 O 形圈;4-油尺导管 O 形圈;5-油压测试口螺塞和 O 形圈;6-输入轴转速传感器油封;7-油泵油封;8-油冷却器管箍;9-油泵 O 形圈;10-油冷却器管接头和 O 形圈;11-蓄能器背压测试口螺塞和 O 形圈;12-油底壳和变速器之间的垫片;13-加长壳体与变速器之间的垫片;14-1 号车速传感器油封;15-加长壳体后油封

在发生变速器油泄漏时,为了准确找到泄漏部位,通常可以按照以下步骤进行检查。

① 确认变速器油泄漏部位。

② 用抹布彻底清洁可疑泄漏部位。

③ 驾驶车辆行驶 15~20min,使自动变速器油达到正常工作温度。

④ 将车辆停放在平地上,在可疑泄漏部位下方的地面铺上干净的纸或纸板。

⑤ 关闭发动机。

⑥ 在纸上查找油滴。

项目五 自动变速器的检修

一旦查明泄漏部位,则沿泄漏轨迹跟踪泄漏源。必须确定泄漏原因,以便进行正确修理。例如,仅更换衬垫而未更换变形的密封法兰,将不能修复泄漏。在修理垫片泄漏时,首先应检查紧固螺栓是否松动、垫片使用是否正确,然后检查法兰和密封表面是否变形,必要时,检查油压是否过高以及卸压孔是否阻塞。在修理油封泄漏时,首先应检查油封及密封面是否有划痕,然后检查油封孔是否损坏,必要时检查油压是否过高以及卸压孔是否阻塞。如果发现问题,应按维修手册的要求进行修复或更换部件。

❸ **驱动轴油封的更换**

自动变速器驱动轴的油封(图8-19)可以在车上进行更换,常规操作步骤如下:

①举升车辆。
②拆下对应驱动轴。
③使用专用油封拆除工具和惯性锤进行油封的拆除。

注意:不要擦伤或刮伤与油封接触处的密封面。

④使用专用安装工具安装新油封。

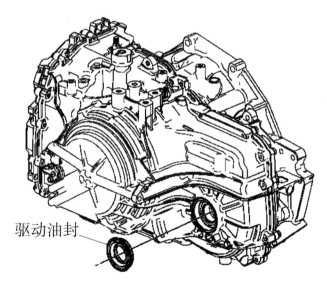

图8-19 驱动轴油封的更换

❹ **单向离合器的检修**

首先,应根据故障现象诊断单向离合器合器是否损坏,然后对自动变速器进行正确的分解,在进行单向离合器在解体前,必须检查工作情况,以确定单向离合器的运动方向和工作是否正常,如图8-20所示。解体后的零件要检查其是否

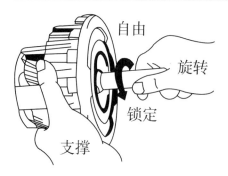

图8-20 单向离合器的检修

有过度磨损、变形或裂纹等机械损坏,在装配后应检查其运动是否正常,方向是否正确。

5 离合器、多片式制动器的检修

(1)外观检查离合器或制动器摩擦片,如有烧焦,表面粉末冶金层脱落或翘曲变形的现象,应更换。

(2)检查离合器或制动器片的厚度,如果厚度小于极限值,则应更换,大多数摩擦片表面印有符号,如图8-21所示。如果这些摩擦片的符号已被磨掉,则说明摩擦片磨损已到极限,需要更换新的摩擦片;钢片是否磨损过度,如有应更换。

(3)离合器或制动器活塞表面和液压缸内表面有无损伤,如有应更换。

(4)检查挡圈(或叫压盘)的摩擦面,如有磨损,应更换。

(5)检查活塞上的单向球阀,摇动活塞时,球阀应活动自如;从液压缸侧往止回阀吹压缩空气,如图8-22所示,止回阀密封不漏气。如检查有异常,应更换。

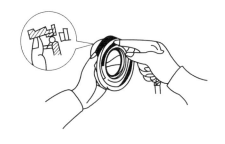

图8-21 符号检查厚度　　图8-22 检查活塞单向球阀密封性

(6)检查活塞复位弹簧的自由长度,如图8-23所示,正常的自由长度约为15.8mm,如不符合标准,应更换。

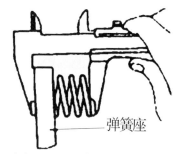

图8-23 检查复位弹簧自由长度

检修后进行装配时应注意以下几点:

①装配前,应将所有零件酒精或专用清洗剂清洗干净,更换新的O形密封圈。

②更换新的摩擦片时,应将其在干净的自动变速器油中浸泡1h以上,而可以再使用的旧片应浸泡15min后再安装。

③安装回位座圈卡环时,要确保其安装到位。

④在拆卸离合器后,必须更换离合器液压活塞上的O形密封圈及轴颈上的密封环,新的O形密封圈及密封环应抹上少许自动变速器油或凡士林后装入,并在安装活塞时小心不要损伤O形密封圈。

⑤安装好后应检查活塞行程。向油道内吹入压缩空气,检查活塞能否向上移动。正常的行程应为1.45~1.75mm,若吹入压缩空气后活塞不能移动,应检查漏气部位,分解修复后再重新安装。

⑥用塞尺或百分表测量离合器装配后的总自由间隙,各种自动变速器因摩擦片的数量不同,因此,自由间隙也不相同,一般留有0.3~0.5mm的自由间隙。若自由间隙不符合标准,有的用不同厚度的挡圈调整,有的用卡环调整。

⑦安装时一定不要漏掉调整垫片和轴承,且注意安装方向。

6 油泵的检修

自动变速器油泵的检测步骤和方法如下。

(1)从变速器上拆下油泵。

将液力变矩器作为基座,然后将油泵放在液力变矩器上(图8-24)。

(2)分解油泵。

①取出封油环(图8-25)。

 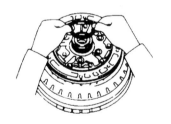

图8-24　拆下油泵　　图8-25　取出油环

②卸下泵盖13个螺钉,然后从油泵体上取出泵盖。

③从液力变矩器上取下泵体(图8-26)。

(3)检查从动齿轮壳体间隙。

①将从动齿轮推向壳体的一侧,用塞尺测量间隙(图8-27)。

标准壳体间隙:0.07~0.15mm。

最大壳体间隙:0.3mm。

②如果壳体间隙大于最大值,则更换主动齿轮、从动齿轮或泵体。

图8-26　取下泵体　　　图8-27　测量壳体间隙

(4)检查从动齿轮齿顶间隙。

①测量从动齿轮的齿顶与泵体月牙形件之间的间隙(图8-28)。

标准齿顶间隙:0.11~0.14mm。

最大齿顶间隙:0.3mm。

②如果齿顶间隙大于最大值,则更换主动齿轮,从动齿轮或泵体。

(5)检查两齿轮端面间隙。

①使用直尺和塞尺测量两齿轮端面间隙(图8-29)。

图8-28　测量齿顶间隙　　　图8-29　测量端面间隙

标准端面间隙:0.02~0.05m。

最大端面间隙:0.1mm。

②如果端面间隙大于最大值,则更换主动齿轮、从动齿轮或泵体。

(6)拆卸油泵主动齿轮和从动齿轮(图8-30)。

注意:油泵齿轮有方向。

(7)更换油泵油封。

①用螺丝刀撬出油封(图8-31)。

②使用SST,安装新的油封,应保证油封与泵体外缘配合部分光滑(图8-32)。

③油封边缘涂上MP润滑脂。

油封嵌入深度:-0.15~0.15mm。

 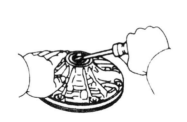 

图 8-30　拆卸主动齿轮和从动齿轮　　图 8-31　撬出油封　　图 8-32　安装新油封

(8) 检查油泵体衬套。

① 使用千分表测量油泵体衬套内径(图 8-33)。

最大内径：38.19mm。

② 如果内径大于最大值，则更换油泵体。

(9) 检查油泵盖衬套。

① 使用千分表测量油泵盖衬套内径最大内径(图 8-34)。

前端：21.58mm。

后端：27.08mm。

 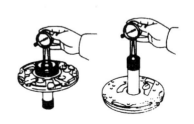

图 8-33　测量油泵体衬套内径　　图 8-34　测量油泵盖内径

② 如果内径大于最大值，则更换泵油盖。

(10) 安装油泵齿轮。

① 将油泵体放在液力变矩器上将从动齿轮和主动齿轮涂上 ATF。

② 安装从动齿轮和主动齿轮(图 8-35)。

(11) 安装螺栓。

① 使泵盖对准油泵体每个螺钉孔。

② 用 10N·m 的力矩拧紧 13 个螺钉(图 8-36)。

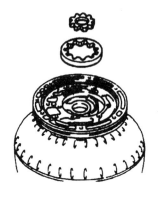

图 8-35　安装从动齿轮和主动齿轮　　图 8-36　拧紧螺钉

(12) 安装油环。

将两个封油环涂上 ATF，收缩封油环并将它们装入泵盖上 (图 8-37)。

注意：不能使环端收缩得太多。

提示：封油环安装完之后，应检查转动是否平滑。

(13) 检查油泵驱动齿轮运转情况 (图 8-38)。

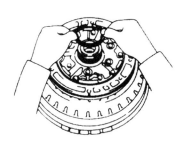

图 8-37　安装油环　　图 8-38　检查运转情况

注意：应确保驱动齿轮转动平滑。

三　学习拓展

汽车自动变速器最新技术

随着科技的发展，自动变速器技术不断发展，现在向着更高挡的方向发展，其潜在的自动变速器维修费用偏高。现代的自动变速器有 AT、CVT、DCT 等多种形式，每一种变速器都存在其独特的优势。

❶ 奔驰 9G-Tronic 变速器

在采埃孚推出世界上首款横置 9AT 不久，奔驰也正式对外推出名为 9G-

Tronic 的 9AT。它与前者最大的不同是其采用纵置布局,而这也是世界上首款采用纵置布局的 9AT,如图 8-39 所示。

这台 9AT 未来有很大的适配性,除了可以匹配在前置后驱车型上以外,像四驱车型、Hybrid、Plug-in Hyrbrid 等车型也都可以搭载。更多挡位的变速器对于欧洲普遍应用的柴油发动机有着更大的作用,奔驰也希望通过它在未来这个更加注重车辆燃油经济性的时代处于不败之地,如图 8-40、图 8-41 所示。

图 8-39　奔驰推出的 9G-Tronic 变速器　　图 8-40　奔驰推出的 9G-Tronic 变速器内部图

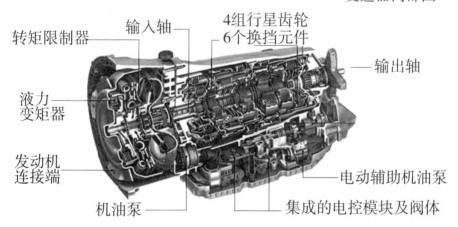

图 8-41　奔驰推出的 9G-Tronic 变速器剖面图

② 观致 6 速干式双离合变速器

随着观致品牌首款车型的上市,观致 3 上的采用一款 6 速双离合变速器。在现有的车型配置中,观致 3 的动力系统包括有 1.6L 自然吸气和 1.6T 涡轮增压两款发动机,根据发动机的相关参数,观致 3 上的 1.6L 自然吸气发动机源自奇瑞的 ACTECO 发动机,而那台 6 速双离合变速器的技术则主要由格特拉克提供。

总结:单纯从结构上来说,相对简单的电机控制方式在可靠性上确实更有保证,当然对于这种近些年才大规模量产的采用新技术的变速器,其产品稳定性也还需要一段时间来加以检验。

❸ 本田双离合变速器——8速双离合变速器

在本田技术大会上,本田正式公布了一台自己研制的8速双离合变速器,与目前市面上其他厂家的双离合变速器相比,它在结构上显得特立独行,因为其通过使用液力变矩器来取代传统的双离合模块,这也使它成为世界上首台带有液力变矩器的双离合变速器,如图8-42、图8-43所示。

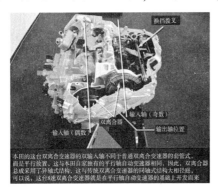 

图8-42　本田双离合变速器(1)　　图8-43　本田双离合变速器(2)

本田这种"杂交"的设计让其在保持迅速换挡的同时相比传统双离合变速器更加平顺,尤其是在起步和低速行驶时,同时液力变矩器的力矩放大作用也让车辆在起步时更加有力。此外,平行轴的结构对于本田来说没有任何技术壁垒,研发和生产相对较容易,同时也更易和现有的动力系统进行匹配。

无论是哪种类型的变速器,也无论是哪个厂家所研发生产的,我们似乎可以看到,通过更多的挡位数来获得更大的变速比是它们共同的发展趋势。变速器在因为更宽广的变速比范围可以让发动机更多时候处于合理的经济转速区间,这无疑提高了车辆的燃油经济性,而这一点对于柴油发动机来说更为明显。

四　评价与反馈

❶ 自我评价

(1)通过本任务的学习,你是否已经知道以下问题:
①自动变速器有哪几类?＿＿＿＿＿＿＿＿＿＿
②电控液压自动变速器的基本组成及基本原理是什么?＿＿＿＿＿＿
③如何做自动变速器的基本检查?＿＿＿＿＿＿＿＿＿＿
(2)本任务的学习过程中用到了哪些设备?

＿＿＿＿＿＿＿＿＿＿＿＿＿＿＿＿＿＿＿＿＿＿＿＿＿＿＿

项目五 自动变速器的检修

(3)实训过程完成情况如何?

_____

(4)通过本任务的学习,你认为自己的知识和技能还有哪些欠缺?

_____

签名:_____　　　　_____年____月____日

❷ 小组评价(表8-1)

小 组 评 价 表　　　　　　　表8-1

序号	评 价 项 目	评 价 情 况
1	着装是否符合要求	
2	是否能合理规范地使用仪器和设备	
3	是否按照安全和规范的流程操作	
4	是否遵守学习、实训场地的规章制度	
5	是否能保持学习、实训场地整洁	
6	团结协作情况	

参与评价的同学签名:_____　　　_____年____月____日

❸ 教师评价

_____

教师签名:_____　　　　_____年____月____日

五 技能考核

由于基本检查项目较多,以 ATF 检查和更换为例。根据学生完成实训任务的情况对学习效果进行评价。技能考核标准见表8-2。

技 能 考 核 标 准　　　　　　　表8-2

序号	项　目	操 作 内 容	规定分	评 分 标 准	得分
1	准备工作	工位、工具、设备准备	5	车辆、工具准备,按照要求,不规范一项扣2分	

续上表

序号	项目	操作内容	规定分	评分标准	得分
2	ATF 液位高度的检查	规范检查 ATF 液面高度	20	按照要求,不规范一项扣 2 分	
3	ATF 油质的检查	正确检查 ATF 油质并判断好坏	25	按照要求,不规范一项扣 2 分	
4	更换油液和滤清器	正确选用符合厂家要求的油液,并更换	25	按照要求,不规范一项扣 2 分	
5	工位整理	工具、设备、场地整理	10	工具、设备、场地整理,一项扣 2 分	
6	安全作业	安全操作	15	操作过程有不安全操作的每次扣 2 分	
	总分		100		

六 思考与练习

1. 自动变速器主要由哪几部分组成？
2. 换挡执行元件主要由哪几部分组成？
3. 自动变速器油常见的泄漏部位有哪几个？
4. 写出自动变速器油液位检查、油质检测及更换的详细步骤,并进行实践操作。
5. 简述离合器的检修步骤和检修时的注意事项。
6. 归纳总结油泵的拆装及检测步骤。
7. 结合任务实施的内容,分析换挡冲击、不平顺的故障原因,并说出检修步骤。

项目五　自动变速器的检修

学习任务9　自动变速器的工作原理与故障诊断

 学习目标

★ **知识目标**

1. 掌握自动变速器的换挡原理；
2. 掌握自动变速器的电控系统的组成、控制原理。

★ **技能目标**

1. 能指出丰田A341、通用4T65E型自动变速器各挡位的关系；
2. 掌握分析自动变速器电控故障诊断方法。

 建议课时

16课时。

 任务描述

一辆行驶里程为50000km的上海通用别克凯越轿车,存在自动变速器换挡困难的现象。作为维修技师,请你根据汽车自动变速器的结构和特点,向客户解释出现故障的原因,并做出检修。

一　理论知识准备

（一）自动变速器挡位分析

分别以丰田A341与上海通用别克的4T65E自动变速器变速齿轮机构为例,详细说明辛普森式行星齿轮机构自动变速器的换挡与动力传递原理。丰田的A341自动变速器是一款经典的液压控制式自动变速器,一直沿用至今,以它为基础已经出现了许多的改进型版本,如图9-1所示。其各挡位动力传动路线见表9-1。

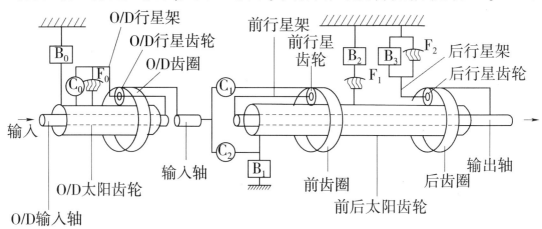

图9-1　丰田A341自动变速器变速齿轮机构简图

丰田A341自动变速器挡位动力路线表　　　　　　表9-1

选挡杆位置	挡位	换挡执行元件										发动机制动
		C_0	C_1	C_2	B_0	B_1	B_2	B_3	F_0	F_1	F_2	
P	驻车挡	○						○				
R	倒挡	○		○				○				
N	空挡	○										
D	1	○	○						○		○	
	2	○	○				○		○	○		
	3	○	○	○					○			○
	4		○	○	○							○
2	1	○	○						○		○	
	2	○	○			○			○	○		
	3	○	○	○					○			
L	1	○	○					○	○			○
	2	○	○			○			○	○		○

根据单排辛普森式行星齿轮机构运动规律与挡位动力传递路线表(表9-1),以D位1挡为例,其执行元件有:C_0、C_1、F_0、F_2。分析其动力传递路线如图9-2所示。

项目五 自动变速器的检修

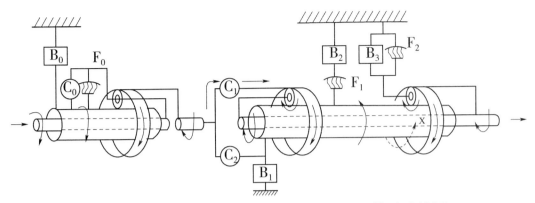

图 9-2　丰田 A341 自动变速器 D1 挡动力传递路线图

根据单排辛普森式行星齿轮机构运动规律与挡位动力传递路线表（表 9-1），以 D 位 2 挡为例，其执行元件有：C_0、C_1、B_2、F_0、F_1。分析其动力传递路线如图 9-3 所示。

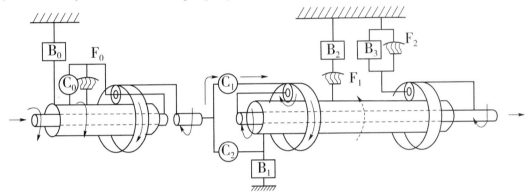

图 9-3　丰田 A341 自动变速器 D2 挡动力传递路线图

根据单排辛普森式行星齿轮机构运动规律与挡位动力传递路线表（表 9-1），以 D 位 3 挡为例，其执行元件有：C_0、C_1、C_2、B_2、F_0。分析其动力传递路线如图 9-4 所示。

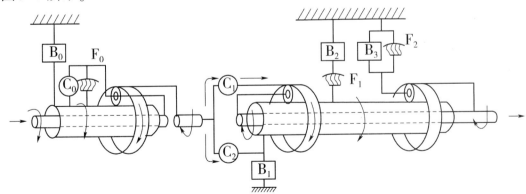

图 9-4　丰田 A341 自动变速器 D3 挡动力传递路线图

根据单排辛普森式行星齿轮机构运动规律与挡位动力传递路线表（表 9-1），以 D

位 4 挡为例,其执行元件有:C_1、C_2、B_0、B_2。分析其动力传递路线如图 9-5 所示。

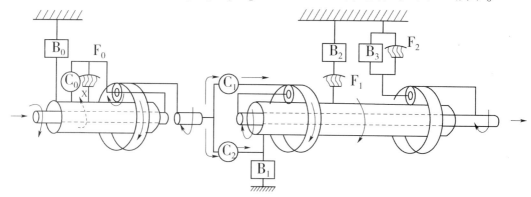

图 9-5　丰田 A341 自动变速器 D4 挡动力传递路线图

根据单排辛普森式行星齿轮机构运动规律与挡位动力传递路线表(表 9-1),以具有发动机制动功能的 2 位 2 挡为例,其执行元件有:C_0、C_1、B_1、B_2、F_0、F_1。分析其动力传递路线如图 9-6 所示。

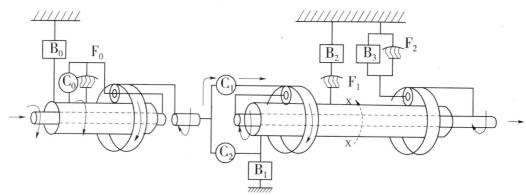

图 9-6　丰田 A341 自动变速器 2_2 挡动力传递路线图

根据单排辛普森式行星齿轮机构运动规律与挡位动力传递路线表(表 9-1),以 R 挡为例,其执行元件有:C_0、C_2、B_3。分析其动力传递路线如图 9-7 所示。

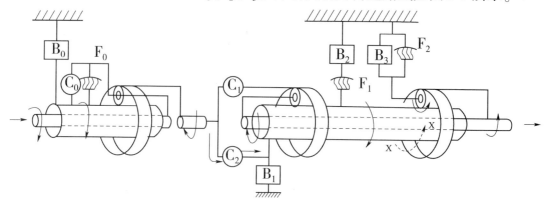

图 9-7　丰田 A341 自动变速器 R 挡动力传递路线图

下面以上海通用别克的 4T65E 自动变速器变速齿轮机构为例,介绍辛普森改进型变速器的换挡与动力传递原理,如图 9-8 所示。其各挡位动力传动路线见表 9-2。

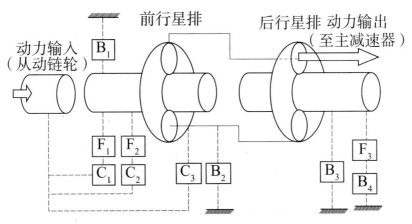

图 9-8　上海通用别克 4T65E 自动变速器变速齿轮机构图

上海通用别克 **4T65E** 自动变速器挡位动力路线　　表 9-2

选挡杆位置	挡位	换挡执行元件									
		C_1	C_2	C_3	B_1	B_2	B_3	B_4	F_1	F_2	F_3
P/N	P/N			○						○	
R	R			○		○				○	
D	1			○				○		○	○
D	2	○		○				○		○	
D	3	○	○					○	○		
D	4	○	○		○						
3	3	○	○					○	○		
2	2	○		○			○	○		○	
1	1			○	○		○	○	○	○	○

选挡杆处于 P 或 N 位时,输入离合器 C_3 结合,驱动输入单向离合器 F_2 外圈,输入单向离合器 F_2 锁止,动力传至前排太阳轮。但此时前排太阳轮、前排行星架/后排齿圈、后排太阳轮三个部件中没有固定部件,都在空转,所以没有动力传递。

根据单排辛普森式行星齿轮机构运动规律与挡位动力传递路线表(表 9-2),

D1挡的执行元件有：C_3、B_4、F_2、F_3。输入离合器C_3接合，驱动输入单向离合器F_2外圈，输入单向离合器F_2锁止，动力传至前排太阳轮。因前排齿圈/后排行星架与车体相连，可视为固定或限定转速，则前排太阳轮驱动前排行星架/后排齿圈同向旋转；因后排行星架/前排齿圈与车体相连，可视为固定或限定转速，则后排太阳轮有反向旋转的趋势。此时，前进挡制动器B_4工作，低速挡单向离合器F_3锁止，后排太阳轮被固定，则后排行星架/前排齿圈被同向减速驱动，车辆前行。分析其动力传递路线如图9-9所示。

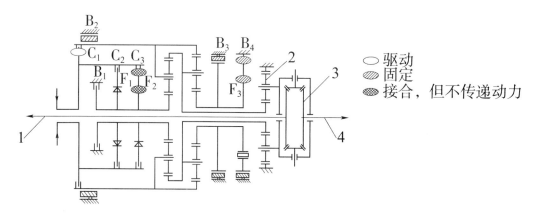

图9-9 上海通用别克4T65E自动变速器D1挡动力传递路线图

1、4-输出轴；2-主减速器；3-差速器；C_1-3挡离合器；C_2-3挡离合器；C_3-输入离合器；B_1-4挡制动器；B_2-倒挡制动器；B_3-低速挡制动器；B_4-前进挡制动器；F_1-3挡单向离合器；F_2-输入单向离合器；F_3-低速挡单向离合器

根据单排辛普森式行星齿轮机构运动规律与挡位动力传递路线表（表9-2），D2挡的执行元件有：C_1、C_3、B_4、F_2、F_3。2挡离合器C_1接合，通过2挡驱动套驱动前排行星架/后排齿圈旋转，对后行星排而言，后排齿圈驱动，后排太阳轮有反向旋转的趋势。此时，前进挡制动器B_4工作，低速挡单向离合器F_3锁止，后排太阳轮被固定，则后排行星架/前排齿圈被同向减速驱动，车辆前行。2挡时，输入离合器C_3仍处于结合状态，但输入单向离合器F_2处于滑转状态。因为对于前行星排而言，前排齿圈/后排行星架与车体相连，可视为固定或限定转速，则前排太阳轮有同向增速旋转的趋势，所以输入单向离合器F_2超越滑转。分析其动力传递路线如图9-10所示。

根据单排辛普森式行星齿轮机构运动规律与挡位动力传递路线表（表9-2），D3挡的执行元件有：C_1、C_2、B_4、F_1、F_3。2挡离合器C_1接合，通过2挡驱动套将动力传给前排行星架/后排齿圈；同时3挡离合器C_2接合。对于前行星排构而言，2

挡离合器C_1接合,驱动前排行星架旋转,因前排齿圈/后排行星架与车体相连,可视为固定或限定转速,则前排太阳轮有同向增速旋转的趋势;此时,3挡离合器C_2接合,3挡单向离合器F1锁止,使前排太阳轮转速与输入转速相同。这相当于同时驱动了前排行星架与前排太阳轮,则整个行星齿轮机构整体旋转,传动比为1:1。分析其动力传递路线应为图9-11所示。

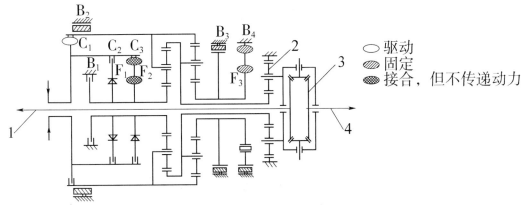

图9-10 上海通用别克4T65E自动变速器D2挡动力传递路线图
1、4-输出轴;2-主减速器;3-差速器;C_1-2挡离合器;C_2-3挡离合器;C_3-输入离合器;B_1-4挡制动器;B_2-倒挡制动器;B_3-低速挡制动器;B_4-前进挡制动器;F_1-3挡单向离合器;F_2-输入单向离合器;F_3-低速挡单向离合器

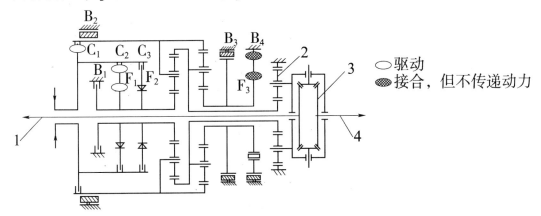

图9-11 上海通用别克4T65E自动变速器D3挡动力传递路线图
1、4-输出轴;2-主减速器;3-差速器;C_1-2挡离合器;C_2-3挡离合器;C_3-输入离合器;B_1-4挡制动器;B_2-倒挡制动器;B_3-低速挡制动器;B_4-前进挡制动器;F_1-3挡单向离合器;F_2-输入单向离合器;F_3-低速挡单向离合器

根据单排辛普森式行星齿轮机构运动规律与挡位动力传递路线表(表9-2),D4挡的执行元件有:C_1、C_2、B_1、B_4、F_1、F_3。2挡离合器C_1结合,通过2挡驱动套

将动力传给前排行星架/后排齿圈;4挡制动器B_1工作,将前排太阳轮固定,则前排齿圈/后排行星架(与车体相连)为同向增速输出。分析其动力传递路线如图9-12所示。

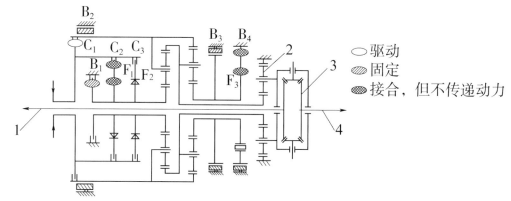

图9-12 上海通用别克4T65E自动变速器D4挡动力传递路线图

1、4-输出轴;2-主减速器;3-差速器;C_1-2挡离合器;C_2-3挡离合器;C_3-输入离合器;B_1-4挡制动器;B_2-倒挡制动器;B_3-低速挡制动器;B_4-前进挡制动器;F_1-3挡单向离合器;F_2-输入单向离合器;F_3-低速挡单向离合器

根据单排辛普森式行星齿轮机构运动规律与挡位动力传递路线表(表9-2),R挡的执行元件有:C_3、B_2、F_2。输入离合器C_3接合,输入单向离合器F_2锁止,驱动前排太阳轮旋转。倒挡制动器B_2工作,将前排行星架固定,则前排齿圈/后排行星架(与车体相连)为反向减速输出。分析其动力传递路线如图9-13所示。

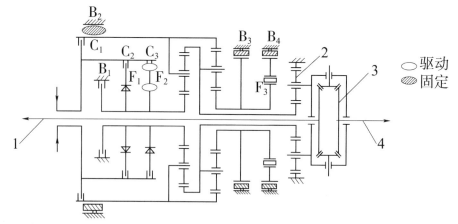

图9-13 上海通用别克4T65E自动变速器R挡动力传递路线图

1、4-输出轴;2-主减速器;3-差速器;C_1-2挡离合器;C_2-3挡离合器;C_3-输入离合器;B_1-4挡制动器;B_2-倒挡制动器;B_3-低速挡制动器;B_4-前进挡制动器;F_1-3挡单向离合器;F_2-输入单向离合器;F_3-低速挡单向离合器

现在所应用的自动变速器种类繁多,除了上面介绍的丰田 A341 与通用别克的 4T65E 自动变速器变速以外,辛普森式齿轮机构的自动变速器还有很多,但其挡位与动力传递分析的方法却都相同。另外,还有应用得比较多的其他齿轮机构类型的自动变速器,如:拉维娜式、DSG 等。

(二)电控系统

1 概述

自动变速器的电子控制系统包括传感器、电子控制单元(ECU)和执行器三部分,其组成框图如图 9-14 所示。

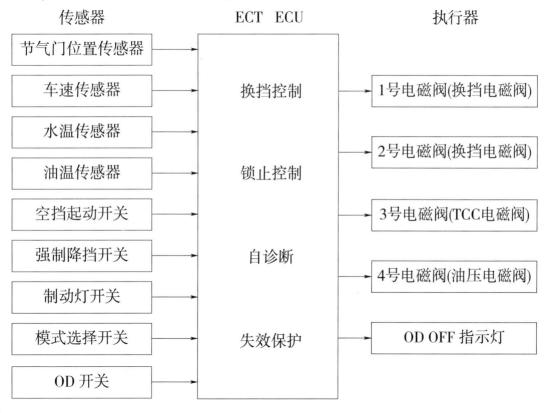

图 9-14　电子控制系统组成框图

传感器部分主要包括节气门位置传感器、车速传感器、发动机转速传感器、输入轴转速传感器、冷却水温传感器、ATF 液温传感器、空挡起动开关、强制降挡开关、制动灯开关、模式选择开关、OD 开关等。

执行器部分主要包括各种电磁阀和故障指示灯等。

ECU 主要完成换挡控制、锁止离合器控制、油压控制、故障诊断和失效保护等功能。对于液控自动变速器,自动换挡主要是取决于节气门油压和速控油压,即发动机负荷和车速的情况。对于电控自动变速器,与此情况是类似的,即自动换挡也主要取决于发动机负荷和车速,只不过是采用节气门位置传感器和车速传感器来感知发动机负荷和车速的情况,并将这两个信号发送给自动变速器ECU,ECU根据存储器中的换挡程序决定升挡或降挡,然后再给换挡电磁阀发出控制信号,换至相应挡位。

例如,对于丰田车系的四挡自动变速器,换挡情况见表9-3。当自动变速器ECU使1号换挡电磁阀通电,2号换挡电磁阀断电,则自动变速器为1挡。

丰田车系的四挡自动变速器换挡情况　　　　表9-3

挡　位	换挡电磁阀	
	1号	2号
1挡	○	×
2挡	○	○
3挡	×	○
4挡	×	×

注:○表示通电;×表示断电。

自动变速器的换挡等控制还要取决于冷却水温、ATF液温等信号。如果水温、油温过低,自动变速器不会升挡。

如果自动变速器在工作过程中,满足了锁止离合器的工作情况,自动变速器电脑就会给锁止离合器(TCC)电磁阀(一般称为3号电磁阀)通电,切换油路使锁止离合器工作。

在换挡过程中,为了防止换挡冲击,自动变速器还会通过4号电磁阀控制换挡油压。

自动变速器ECU具有自诊断功能,如果电子控制系统出现故障,电脑会将故障码存储在存储器中,以便读取;另外电脑还会点亮OD OFF指示灯(或故障指示灯)提示自动变速器出现故障,并可通过OD OFF指示灯的闪烁读取故障码。

如果自动变速器出现故障,除了OD OFF等会点亮,一般自动变速器还会锁挡,即自动变速器不会升挡也不会降挡,锁挡一定有故障码。

❷ 传感器

(1)节气门位置传感器(TPS)。节气门位置传感器安装在节气门体上,用于检测节气门开度的大小,并将数据传送给电脑,电脑根据此信号判断发动机负荷,从而控制自动变速器的换挡、调节主油压和对锁止离合器控制。节气门位置信号相当于液控自动变速器中的节气门油压。

(2)车速传感器(VSS)。车速传感器用于检测自动变速器输出轴转速,自动变速器 ECU 根据车速传感器输入的信号计算出车速,并以此信号控制自动变速器的换挡和锁止离合器的锁止。

(3)冷却液温度传感器。冷却液温度传感器的信号不仅用于发动机的控制,还用于自动变速器的控制。当发动机冷却液温度低于设定温度(如60℃),发动机 ECU 会发送一个信号给自动变速器 ECU 的 OD_1 端子,以防止自动变速器换入超速挡,同时锁止离合器也不能工作。当发动机冷却液温度过高时,自动变速器 ECU 会让锁止离合器工作以帮助发动机降低冷却液的温度,防止变速器过热。

如果冷却液温度传感器故障,发动机 ECU 会自动将冷却液温度设定为80℃,以便发动机和自动变速器可以工作。

(4)模式选择开关。模式选择开关是供驾驶员选择所需要的行驶或换挡模式的开关。大部分车型都具有常规模式(N 或 NORM)和动力模式(P 或 PWR),有些车型还有经济模式(E 或 ECO)。自动变速器 ECU 根据所选择的行驶模式执行不同的换挡程序,控制换挡和锁止正时。如选择动力模式,自动变速器会推迟升挡,以提高动力性,而选择经济模式,自动变速器会提前升挡,以提高经济性,常规模式介于二者之间。

(5)空挡起动开关。空挡起动开关有两个功用,一是给自动变速器 ECU 提供挡位信息,二是保证只有选挡杆置于 P 或 N 位才能起动发动机。其线路图如图9-15所示。

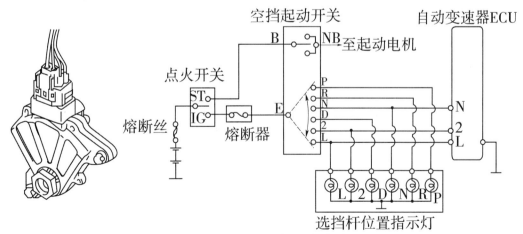

图9-15 空挡起动开关线路图

当选挡杆置于不同的挡位时,仪表盘上相应的挡位指示灯会点亮。当 ECU

的端子 N、2 或 L 与端子 E 接通时,ECU 便分别确定变速器位于 N、2 或 L 位;否则,ECU 便确定变速器位于 D 位。只有当选挡杆置于 P 或 N 位时,端子 B 与 NB 接通,才能给起动机通电,使发动机起动。

(6)OD 开关。OD 开关(超速挡开关)一般安装在选挡杆上,由驾驶员操作控制,可以使自动变速器有或没有超速挡。其线路图如图 9-16 所示。

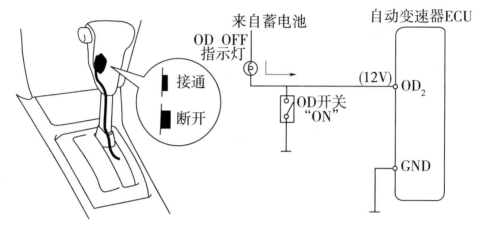

图 9-16　OD 开关 ON 的线路图

当按下 OD 开关(ON),OD 开关的触点实际为断开,此时 ECU 的 OD_2 端子的电压为 12V,自动变速器可以升至超速挡,且 OD OFF 指示灯不亮。

如图 9-17 所示,当再次按下 OD 开关,OD 开关会弹起(OFF),OD 开关的触点实际为闭合,此时 ECU 的 OD_2 端子的电压为 0V,自动变速器不能升至超速挡,且 OD OFF 指示灯点亮。

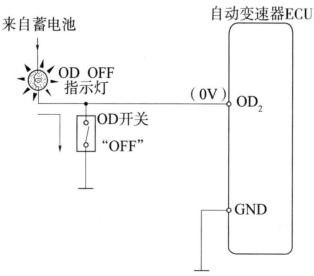

图 9-17　OD 开关 OFF 的线路图

项目五 自动变速器的检修

❸ 执行器

电子控制系统的执行器主要指电磁阀和故障指示灯,这里只介绍电磁阀。

电磁阀根据功能的不同可以分为换挡电磁阀、锁止离合器电磁阀和油压电磁阀。根据工作原理的不同可以分为开关式电磁阀和占空比式(脉冲线性式)电磁阀。不同的自动变速器使用的电磁阀数量不同,一般为 3~8 个不等。例如上海通用的 4T65-E 自动变速器电控系统有 4 个电磁阀,其中 2 个是换挡电磁阀、1 个是油压电磁阀、1 个是锁止离合器电磁阀。而一汽大众的 01M 自动变速器电控系统则采用 7 个电磁阀。

绝大多数换挡电磁阀是采用开关式电磁阀,油压电磁阀是采用占空比式电磁阀,而锁止离合器电磁阀采用开关式的和占空比式的都有。

(1)开关式电磁阀。开关式电磁阀的功用是开启或关闭液压油路,通常用于控制换挡阀和部分车型锁止离合器的工作。

开关式电磁阀由电磁线圈、衔铁、阀芯等组成,如图 9-18 所示。当电磁阀通电时,在电磁吸力作用下衔铁和阀芯下移,关闭泄油口,主油压供给到控制油路。当电磁阀断电时,在复位弹簧的作用下衔铁和阀芯上移,打开泄油口,主油压被泄掉,控制油路压力很小。

(2)电控换挡阀。

图 9-19 所示为换挡电磁阀控制换挡阀的工作原理图。当换挡电磁阀断电,阀芯及球阀在复位弹簧作用下升起,主油压不能到达换挡阀的左侧,则换挡阀处于左端位置,主油压经过换挡阀给换挡执行元件供油,得到相应的挡位,如图 9-19a)所示。当换挡电磁阀通电,电磁吸

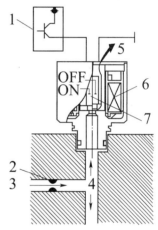

图 9-18 开关式电磁阀原理图
1-ECU;2-节流口;3-主油路;
4-控制油路;5-泄油口;6-电磁
线圈;7-衔铁和阀芯

力使阀芯及球阀下移,主油压经过换挡电磁阀到达换挡阀的左侧,换挡阀右移,主油压到达换挡阀后被截至,不能给换挡执行元件供油,得到另外的挡位,如图 9-19b)所示。

(3)占空比式电磁阀。占空比是指一个脉冲周期中通电时间所占的比例(%),如图 9-20 所示。

$$占空比 = \frac{t_{ON}}{t_{ON} + t_{OFF}} = \frac{t_{ON}}{t_p}$$

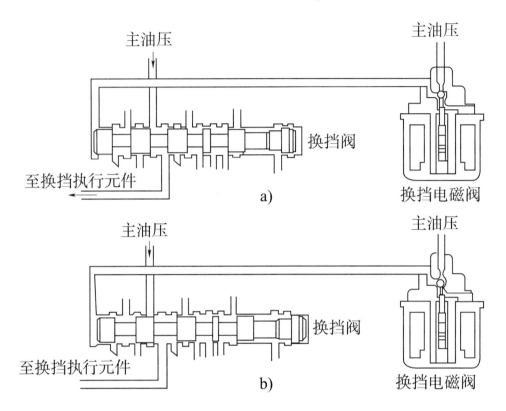

图 9-19　电控换挡阀的工作原理

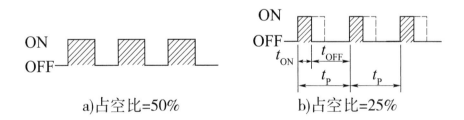

图 9-20　占空比

占空比式电磁阀与开关式电磁阀类似,也是有电磁线圈、滑阀、弹簧等组成,如图 9-21 所示。它通常用于控制油路的油压,有的车型的锁止离合器也采用此种电磁阀控制。与开关式电磁阀不同的是,控制占空比式电磁阀的电信号不是恒定不变的电压信号,而是一个固定频率的脉冲电信号。在脉冲电信号的作用下,电磁阀不断开启、关闭泄油口。

占空比式电磁阀有两种工作方式,一是占空比越大,经电磁阀泄油越多,油压就越低；另一种是占空比越大，油压越高。

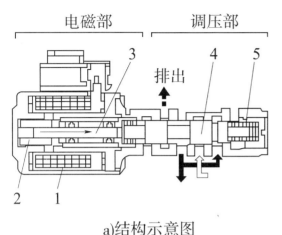
a) 结构示意图

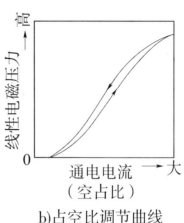
b) 占空比调节曲线

图 9-21 占空比式电磁阀
1-电磁线圈；2-滑阀；3-滑阀轴；4-控制阀；5-弹簧

检测占空比式电磁阀。脱开电磁阀连接器，用万用表欧姆挡测量线圈电阻，应为 3.6~4.0Ω，否则应更换电磁阀。由于占空比式电磁阀线圈的电阻很小，不可与 12V 蓄电池直接相连，否则容易烧毁电磁阀线圈。检测时将蓄电池串联一个低电阻，如一个 8~10W 的灯泡，然后再与电磁线圈相连，电磁阀应当动作，否则应更换电磁阀。

4 电子控制单元

电子控制单元英文缩写为 ECU，俗称电脑。自动变速器 ECU 具有换挡控制、锁止离合器控制锁、换挡平顺性控制、故障诊断、失效保护等功能。

1）换挡控制

自动变速器换挡时刻的控制是 ECU 最重要的控制内容之一。汽车在某个特定工况下都有一个与之对应的最佳换挡时刻，使汽车发挥出最好的动力性和经济性。汽车行驶过程中，自动变速器 ECU 根据模式选择开关信号、节气门开度信号、车速信号等参数来打开或关闭换挡电磁阀，从而打开或关闭通往离合器、制动器的油路，使变速器升挡或降挡。

图 9-22 所示为常见四挡自动变速器的自动换挡图，具有如下特点。

(1) 随着节气门开度增加，升挡或降挡车速增加。以 2 挡升 3 挡为例，当节气门开度为 2/8 时，升挡车速为 35km/h，降挡车速为 12km/h；当节气门开度为 4/8 时，升挡车速为 50km/h，降挡车速为 25km/h。所以在实际的换挡操作过程中，一般可以采用"收油门"的方法来快速升挡。

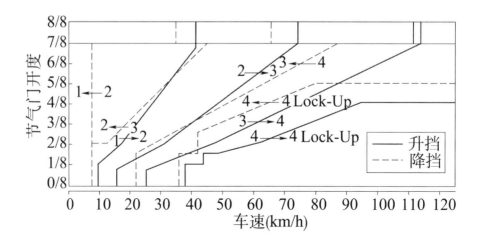

图9-22　常见四挡自动变速器的自动换挡图

（2）升挡车速高于降挡车速，以免自动变速器在某一车速附近频繁升挡、降挡而加速自动变速器的磨损。

2）锁止离合器控制

自动变速器 ECU 将各种行驶模式下锁止离合器的工作方式编程存入存储器，然后根据各种输入信号，控制锁止离合器电磁阀的通、断电，从而控制锁止离合器的工作。

（1）锁止离合器工作的条件。

如果满足以下5个条件，自动变速器 ECU 会接通锁止离合器电磁阀，使锁止离合器处于接合状态。

①选挡杆置于 D 位，且挡位在 D_2、D_3 或 D_4 挡；

②车速高于规定值；

③节气门开启（节气门位置传感器 IDL 触点未闭合）；

④冷却液温度高于规定值；

⑤未踩下制动踏板（制动灯开关未接通）。

（2）锁止的强制取消。

如果符合下面以下条件中的任何一项，ECU 就会给锁止离合器电磁阀断电，使锁止离合器分离。

①踩下制动踏板（制动灯开关接通）；

②发动机怠速（节气门位置传感器 IDL 触点未闭合）；

③冷却液温度低于规定值（如60℃）；

④当巡航系统工作时,如果车速降至设定车速以下至少 10km/h。

早期的电控自动变速器中,控制锁止离合器的电磁阀是采用开关式电磁阀,即通电时锁止离合器接合,断电时锁止离合器分离。日前许多新型电控自动变速器采用占空比式电磁阀作为锁止离合器电磁阀,电脑在控制锁止离合器接合时,通过改变脉冲电信号的占空比,让锁止离合器电磁阀的开度缓慢增大,以减小锁止离合器接合时所产生的冲击,使锁止离合器的接合过程变得更加柔和。

3)换挡平顺性控制

自动变速器改善换挡平顺性的方法有换挡油压控制、减少转矩控制和 N-D 换挡控制。

(1)换挡油压控制。

自动变速器在升挡和降挡的瞬间,ECU 会通过油压电磁阀适当降低主油压,以减少换挡冲击,改善换挡。也有的自动变速器是在换挡时通过电磁阀来减小蓄能器背压,以减缓离合器或制动器油压的增长率,来减少换挡冲击。

(2)减少转矩控制。

在自动变速器换挡的瞬间,通过推迟发动机点火时刻或减少喷油量,减少发动机输出转矩,以减少换挡冲击和输出轴的转矩波动。

(3)N-D 换挡控制。

当选挡杆由 P 位或 N 位置于 D 位或 R 位时,或由 D 位或 R 位置于 P 位或 N 位时,通过调整喷油量,把发动机转速的变化减少到最小限度,以改善换挡。

4)故障自诊断

电控自动变速器 ECU 具有内置的自我诊断系统,它不断监控各传感器、信号开关、电磁阀及其线路,当有故障时,ECU 使 OD OFF 指示灯闪烁,以提醒驾驶员或维修人员;并将故障内容以故障码的形式存储在存储器中,以便维修人员采用人工或仪器的方式读取故障码。

当故障排除后,OD OFF 指示灯将停止闪烁,不过故障码仍然会保留在 ECU 存储器中。

当 OD 开关 ON 时(OD 开关断开),如果有故障,OD OFF 指示灯将点亮而不是闪烁。

注意:不同的自动变速器,故障指示灯不同。如丰田车系采用 OD OFF,通用车系采用 Service Engine Soon 指示灯,本田车系采用 D_4 指示灯。

5)失效保护

当自动变速器出现故障时,为了尽可能使自动变速器保持最基本的工作能力,以维持汽车行驶,便于汽车进厂维修,电控自动变速器ECU都具有失效保护功能。

(1)当传感器出现故障时,ECU所采取的失效保护措施是:

①节气门位置传感器出现故障时,电脑根据怠速开关的状态进行控制。当怠速开关断开时(加速踏板被踩下),按节气门开度为1/2进行控制,同时节气门油压为最大值;当怠速开关接通时(加速踏板完全放松),按节气门处于全闭状态进行控制,同时节气门油压为最小值。

②车速传感器出现故障时,电脑不能进行自动换挡控制,此时自动变速器的挡位由选挡杆的位置决定。在D位和2位时固定为超速挡或3挡,在L位时固定为2挡或1挡;或不论选挡杆在任何前进挡位,都固定为1挡,以保持汽车最基本的行驶能力。

③冷却液或ATF油温度传感器出现故障时,ECU按温度为80℃的设定进行控制。

(2)电磁阀出现故障时,ECU所采取的失效保护措施是:

①换挡电磁阀出现故障时,ECU一般会将自动变速器锁挡,挡位与选挡杆的位置有关。如丰田车系锁挡情况见表9-4。

丰田车系锁挡情况　　　　　　　　　　　　　　　　表9-4

挡位	4挡	3挡	1挡	倒挡
选挡杆位置	D	2	L	R

②锁止离合器电磁阀出现故障时,ECU会停止锁止离合器的控制,使锁止离合器始终处于分离状态。

③油压电磁阀出现故障时,ECU会停止油压的控制,使油路压力保持为最大。

二 任务实施

自动变速器的常见故障有很多种,如入挡发动机熄火、锁挡、入挡无反应、变速器打滑、异响等,而自动变速器发生故障与其电控系统甚至发动机电控系统密切相关,本学习任务主要介绍自动变速器电控方面的故障诊断及检修。

1 准备工作

(1)准备5台别克凯越轿车;

(2)准备举升设备、诊断仪、常用工具、抹布若干等;

(3)坐套、转向盘套、换挡手柄套、脚垫、翼子板护围等;

(4)凯越维修手册。

❷ 技术要求与注意事项

(1)拆检电气元件时,应先拆下蓄电池负极搭铁线。拆下蓄电池负极搭铁线后,可能导致音响系统、防盗系统等锁死,并可引起某些系统设定参数的消失,因而在断电前必须做好有关记录。

(2)更换熔丝时,新熔丝必须具有相当的电流额定值,不能用超过或低于规定电流值的熔丝;检查电气元件应使用量程合适的数字万用表,以免损坏零件。

(3)元件拔出后若需要通电,应先做好线束插头的绝缘处理。

❸ 操作过程

1)换挡控制机构的检查和调整

将变速杆自 N 挡位换到其他挡位,检查变速杆是否能平稳而又精确地换到其他挡位。同时检查挡位指示器是否正确地指示挡位。

如果挡位指示器与正确挡位不一致,进行下述调整。

(1)松开变速杆上的螺母,如图 9-23 所示。

(2)将控制轴杆向后推足,然后将控制轴杆退回两个槽口到 N 位,如图 9-24 所示。

(3)将变速杆定位在 N 位。

(4)稍微朝 R 位定位变速杆,拧紧变速杆螺母。

(5)起动发动机,确认变速杆自 N 换到 D 位时,车辆向前移动而换到 R 位时,车辆后退。

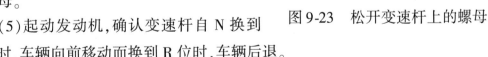

图 9-23 松开变速杆上的螺母

2)空挡起动开关检查和调整

检查发动机是否仅能在变速杆位于 N 或 P 挡位时起动,在其他挡位不能起动。

如果不符合要求,则应进行如下的调整,如图 9-25 所示:

(1)松开空挡起动开关螺栓,将选挡杆置于 N 位。

(2)将槽口对准空挡基准线。

(3)定位位置并按规定力矩拧紧螺栓。

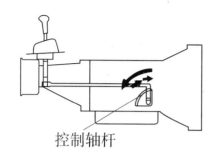

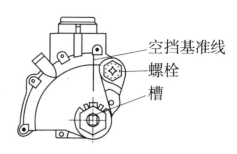

图 9-24 将控制轴杆移到 N 位　　图 9-25 空挡起动开关的调整

3)发动机怠速检查

将变速杆置于 N 位,关闭空调,检查发动机怠速转速。具体数值应查看具体车型的维修手册,一般为 650～750r/min。

自动变速器很多故障是由于发动机的问题引起的。如发动机怠速转速过低,当变速杆由 P 或 N 位换至 D 或 R 位时,会导致车身的振动,严重时导致发动机熄火。

4)DTC P1874 的诊断

压力控制阀属于精密电子压力调节器,用于控制离合器、制动器和锁止离合器的操作。控制阀降低供给下游电磁阀和电动压力调节阀的系统压力。图 9-26 是电磁阀供电电路图,当变速器控制模块(TCM)CB 段子上的电压持续为 11～14V 时,TCM 将记录 DTC P1874(电磁阀供电电路对电源短路)。

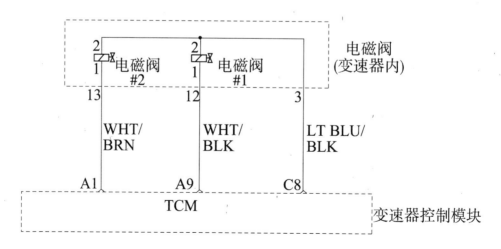

图 9-26 电磁阀供电电路图

故障诊断码 P1874-电磁阀供电电路对电源短路的诊断流程见表 9-5。

故障诊断流程

表 9-5

步骤	操作	值	是	否
1	执行"车载诊断系统检查"。检查是否完成?	—	至步骤 2	至"车载诊断系统检查"
2	1. 安装故障诊断仪。 2. 在发动机熄火的状态下,接通点火开关。然后,起动发动机并在怠速下预热。 3. 将选挡杆置于"驻车"位置并拉紧驻车制动器。 4. 在故障诊断仪上观察"电磁阀1,2"。 电磁阀是否接通?	—	至"诊断帮助"	至步骤 3
3	1. 关闭点火开关。 2. 断开变速驱动桥导线连接器和变速器控制模块连接器。 3. 测量变速驱动桥导线端子3上的电压。 电压是否符合显示值?	11～14V	至步骤 4	至步骤 5
4	修理电路对电源短路故障。操作是否完成?	—	系统正常	
5	1. 拆卸储油盘。 2. 断开电磁阀1,2导线连接器。 3. 接通点火开关。 4. 测量电磁阀1端子2上的电压。 5. 测量电磁阀2端子2上的电压。 电压是否符合显示值?	11～14V	至步骤 6	至步骤 7

续上表

步骤	操 作	值	是	否
6	修理电路（供电线路）对电源短路故障。操作是否完成？	—	系统正常	
7	更换变速器控制模块。操作是否完成？	—	至步骤8	
8	1.修理后，用故障诊断仪"清除信息"功能并进行路试。2.查阅"故障诊断码信息"。上次测试是否未通过或是否显示当前故障诊断码？	—	重新诊断	修理检查有效，退出故障诊断码表

三 学习拓展

第十二届国际汽车变速器及驱动技术研讨会在沪开幕（2020-08-17）

由中国汽车工程学会主办、中汽翰思管理咨询公司、上海国际汽车城协办的第十二届国际汽车变速器及驱动技术研讨会（TMC2020）于2020年8月13日在上海盛大开幕！经过十余年的发展，TMC已成为中国最具影响力的传动与驱动技术会议，已成为国内外整车及重点零部件企业技术交流与展示的平台，在帮助企业了解技术方向、提升研发能力及促进产业链对接方面发挥着至关重要的作用。

研讨会为期2天，通过近50场技术演讲、2场高层互动论坛，为大家呈现行业最新热点技术及包容性的发展战略。同期，有近60家企业展示变速器、混合动力和纯电驱动系统技术和产品。共吸引1000多位代表参会及参观交流，呈现了汽车变速器及驱动技术快速发展的又一届国际盛会！

作为业内的技术发展风向标，本届会议在继续介绍传统变速器升级技术的同时，将主要讨论适合中国市场的电动化变速器和驱动系统的创新技术与战略，着重讨论混合动力技术发展战略、电动汽车驱动系统技术创新，探讨未

项目五　自动变速器的检修

来几年 NEV 电机控制器技术路线,以及在电动化开发过程中,面临的声学特性开发问题和集成式驱动系统对于润滑油冷却技术要求等系列热点技术话题。

中国汽车工程学会理事长,中国工程院院士,清华大学教授李骏在演讲中提到"低碳化是下一代动力传动系统的使命"。汽车低碳化有三个很重要的内涵,低碳产品、低碳制造、低碳出行。低碳产品是核心,汽车产品制造和全过程的低碳化,是一个企业的品牌和形象,更是一个企业的社会责任。

吉利汽车集团动力总成研究院变速器平台资深总工程师 Tejinder SINGH 在演讲中说,展望未来,我们将会需要有更多元化的电气化动力总成产品,基于这一点,传统内燃机仍然将会存续多年,所以到 2030 年,含传统内燃机车型市场占有率燃烧在 90% 左右,而混动车型,到 2040 年混动车型市占率约为 60%。所以,未来,混动车型有强大的前景,包括插电式混动。除此之外,除了纯电动以及燃料电池,其实插电式混动,包括混动也会有强大的需求。

宝马(中国)服务有限公司产品开发和需求:行驶动力性＆动力总成副总裁 Wilfried KLECZKA 在演讲中提到,到目前为止,宝马已经开发了五代的电动力总成,而且性能也是与日俱增,能量密度不断优化。随着能量密度的增加,可以进一步降低成本。到 2023 年,根据预期,宝马希望把能量密度能够进一步翻一番,就是推出以来,到 2023 年左右能量密度进一步翻一番。

四　评价与反馈

❶ 自我评价

(1)通过本学习任务的学习,你是否已经知道以下问题:

①自动变速器的电控系统组成和作用是什么?＿＿。

②自动变速器的换挡原理是什么?＿＿＿。

③如何对自动变速器的常见故障进行检查?＿＿。

(2)本学习任务的学习过程中用到了哪些设备?＿＿＿。

(3)实训过程完成情况如何?＿＿＿。

(4)通过本学习任务的学习,你认为自己的知识和技能还有哪些欠缺?

签名:＿＿＿＿＿＿ ＿＿＿年＿＿＿月＿＿＿日

❷ **小组评价**(表9-6)

小 组 评 价 表　　　　　表9-6

序号	评 价 项 目	评 价 情 况
1	着装是否符合要求	
2	是否能合理规范地使用仪器和设备	
3	是否按照安全和规范的流程操作	
4	是否遵守学习、实训场地的规章制度	
5	是否能保持学习、实训场地整洁	
6	团结协作情况	

参与评价的同学签名:＿＿＿＿＿＿ ＿＿＿年＿＿＿月＿＿＿日

❸ **教师评价**

教师签名:＿＿＿＿＿＿ ＿＿＿年＿＿＿月＿＿＿日

五 技能考核

根据学生完成实训任务的情况对学习效果进行评价。技能考核标准见表9-7。

技 能 考 核 标 准　　　　　表9-7

序号	项　目	操 作 内 容	规定分	评 分 标 准	得分
1	准备工作	工位、工具、设备准备	5分	车辆、工具准备,按照要求,每一项未规范完成扣2分	

续上表

序号	项　　目	操 作 内 容	规定分	评 分 标 准	得分
2	换挡控制机构的检查和调整	规范检查和调整换挡控制机构	30	按照要求,每一项未规范完成扣2分	
3	DTC P1874的诊断步骤	根据维修手册正确使用诊断仪进行检修	40	按照要求,每一项未规范完成扣2分	
4	工位整理	工具、设备、场地整理	10	工具、设备、场地整理,每一项未完成扣2分	
5	安全作业	安全作业	15	操作过程有不安全操作的每次扣2分	
总分			100 分		

六　思考与练习

1. 自动变速器 ECU 有哪些功能？
2. 自动变速器的电子控制系统传感器包括哪些？
3. 丰田 A341 自动变速器 4 挡动力传递时,有哪些换挡执行元件工作？
4. 总结归纳辛普森式自动变速器的各个挡位的换挡传递路线。
5. 简述自动变速器换挡控制机构的检查和调整。
6. 分析电磁阀供电电路对电源短路的故障诊断及检修步骤。
7. 分析发动机转速输入电路故障的诊断及检修步骤。

项目六 驱动桥维修

学习任务10 驱动桥的结构认识与维修

学习目标

 知识目标

1. 掌握驱动桥的功用、结构组成和类型；
2. 掌握驱动桥零部件的检测；
3. 掌握驱动桥常见的故障现象和故障原因；
4. 了解差速器的工作原理。

 技能目标

1. 能够认知驱动桥的各组成部件；
2. 能按照维修手册的要求正确完成驱动桥拆装、检验和调整；
3. 能独立诊断与排除驱动桥的常见故障。

建议课时

12课时。

项目六 驱动桥维修

一车主报修,其车辆在转弯行驶时驱动桥发出较大响声,而直线行驶时响声消失,需要对该车驱动桥进行检修。

一 理论知识准备

驱动桥一般由主减速器、差速器、车轮传动装置和驱动桥壳等组成。它的作用是将万向传动装置传来的动力方向转变90°,即改变力的传递方向,并由主减速器降低转速、增大转矩后,经差速器分配给左右半轴和驱动轮,如图10-1所示。

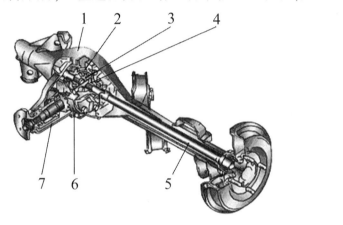

驱动桥组成

驱动桥功用

图 10-1 驱动桥的结构

1-后桥壳;2-差速器;3-差速器行星齿轮;4-差速器半轴齿轮;5-半轴;6-主减速器从动齿轮;7-主减速器主动小齿轮

(一)功能

驱动桥处于动力传动系的末端,其基本功能是将万向传动装置传来的发动机转矩通过主减速器、差速器、半轴等传到驱动车轮,实现降速、增大转矩;通过主减速器圆锥齿轮副改变转矩的传递方向;通过差速器实现两侧车轮差速作用,保证内、外侧车轮以不同转速转向;通过桥壳体和车轮实现承载及传力作用。

(二)分类

1 非断开式与断开式

(1)非断开式驱动桥。

非断开式驱动桥也称为整体式驱动桥,其半轴套管与主减速器壳均与轴壳刚性地相连一个整体梁,因而两侧的半轴和驱动轮相关地摆动,通过弹性元件与车架相连。它由驱动桥壳、主减速器、差速器和半轴组成。

(2)断开式驱动桥。

断开式后驱动桥如图10-2所示。

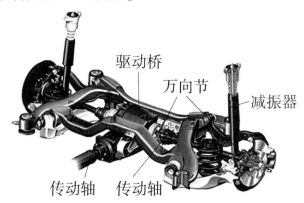

图10-2 奥迪A4断开式后驱动桥

驱动桥采用独立悬架,即主减速器壳固定在车架上,两侧的半轴和驱动轮能在横向平面相对于车体有相对运动的则称为断开式驱动桥。

为了与独立悬架相配合,将主减速器壳固定在车架(或车身)上,驱动桥壳分段并通过铰链连接,或除主减速器壳外不再有驱动桥壳的其他部分。为了适应驱动轮独立上下跳动的需要,差速器与车轮之间的半轴各段之间用万向节连接。

❷ 按结构形式分

(1)中央单级减速驱动桥。

中央单级减速驱动桥是驱动桥的基本形式,是驱动桥结构中最为简单的一种,在重型卡车中占主导地位。一般在主传动比小于6的情况下,应尽量采用中央单级减速驱动桥。目前的中央单级减速器趋于采用双曲线螺旋伞齿轮,主动小齿轮采用骑马式支承,有差速锁装置供选用。

(2)中央双级减速驱动桥。

在国内目前的市场上,中央双级驱动桥主要有两种类型:一类载重汽车后桥设计,如伊顿系列产品,事先就在单级减速器中预留好空间,当要求增大牵引力与速比时,可装入圆柱行星齿轮减速机构,将原中央单级改成中央双级驱动桥,这种改制"三化"(即系列化、通用化、标准化)程度高,桥壳、主减速器等均可通用,锥齿轮直径不变;另一类如洛克威尔系列产品,当要增大牵引力与速比时,需要改制第一级伞齿轮后,再装入第二级圆柱直齿轮或斜齿轮,变成要求的中央双级驱动桥,这时桥壳可通用,主减速器不通用,锥齿轮有两个规格。由于上述中央双级减速桥均是在中央单级桥的速比超出一定数值或牵引总质量较大时,作为系列产品而派生出来的一种型号,它们很难变形为前驱动桥,使用受到一定限制,因此,综合来说,双级减速桥一般均不作为一种基本型驱动桥来发展,而是作为某一特殊考虑而派生出来的驱动桥存在。

(3)中央单级、轮边减速驱动桥。

轮边减速驱动桥较为广泛地用于油田、建筑工地、矿山等非公路车与军用车上。当前轮边减速桥可分为两类:一类为圆锥行星齿轮式轮边减速桥;另一类为圆柱行星齿轮式轮边减速驱动桥。圆锥行星齿轮式轮边减速桥由圆锥行星齿轮式传动构成的轮边减速器,轮边减速比为固定值2,它一般均与中央单级桥组成为一系列。在该系列中,中央单级桥仍具有独立性,可单独使用,需要增大桥的输出转矩,使牵引力增大或速比增大时,可不改变中央主减速器而在两轴端加上圆锥行星齿轮式减速器即可变成双级桥。这类桥与中央双级减速桥的区别在于:降低半轴传递的转矩,把增大的转矩直接增加到两轴端的轮边减速器上,其"三化"程度较高。但这类桥因轮边减速比为固定值2,因此,中央主减速器的尺寸仍较大,一般用于公路、非公路军用车。圆柱行星齿轮式轮边减速桥,单排、齿圈固定式圆柱行星齿轮减速桥,一般减速比在3~4.2之间。由于轮边减速比大,因此,中央主减速器的速比一般均小于3,这样大锥齿轮就可取较小的直径,以保证重型货车对离地间隙的要求。这类桥比单级减速器的质量大,价格也要贵些,而且轮毂内具有齿轮传动,长时间在公路上行驶会产生大量的热量而引起过热;因此,作为公路车用驱动桥,它不如中央单级减速桥。

随着我国公路条件的改善和物流业对车辆性能要求的变化,载货汽车驱动桥技术已呈现出向单级化发展的趋势。单级减速驱动车桥是驱动桥中结构最简单的一种,制造工艺较简单,成本较低,是驱动桥的基本型,在重型货车上占有重要地位;目前,重型货车发动机向低速大转矩发展的趋势使得驱动桥的传动比向小速比发展;随着公路状况的改善,特别是高速公路的迅猛发展,许多重型货车使用条件对汽车通过性的要求降低,因此,重型货车产品不必像过去一样,采用复杂的结构提高其的通过性;与带轮边减速器的驱动桥相比,由于产品结构简化,单级减速驱动桥机械传动效率提高,易损件减少,可靠性增加。

(三)组成

驱动桥主要由主减速器、差速器、半轴和驱动桥壳等组成。

1 主减速器

主减速器一般用来改变传动方向,降低转速,增大转矩,保证汽车有足够的驱动力和适当的速度。主减速器类型较多，有单级、双级、双速、轮边减速器等。

（1）单级主减速器。

由一对减速齿轮实现减速的装置，称为单级减速器。其结构简单，质量小，东风 BQ1090 型等轻、中型载货汽车上应用广泛。图 10-3 所示为单级主减速器。

（2）双级主减速器。

对一些载质量较大的载货汽车，要求较大的减速比，用单级主减速器传动，则从动齿轮的直径就必须增大，会影响驱动桥的离地间隙，所以采用两次减速。通常称为双级减速器。双级减速器有两组减速齿轮，实现两次减速增扭。图 10-4 所示为双级主减速器。

双级主减速器结构

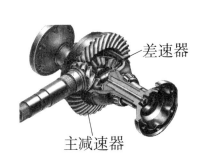

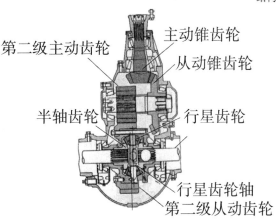

图 10-3　单级主减速器　　图 10-4　双级主减速器

为提高锥形齿轮副的啮合平稳性和强度，第一级减速齿轮副是螺旋锥齿轮，第二级齿轮副是斜齿圆柱齿轮。主动圆锥齿轮旋转，带动从动圆锥齿轮旋转，从而完成一级减速。第二级减速的主动圆柱齿轮与从动圆锥齿轮同轴而一起旋转，并带动从动圆柱齿轮旋转，进行第二级减速。因从动圆柱齿轮安装于差速器外壳上，所以，当从动圆柱齿轮转动时，通过差速器和半轴即驱动车轮转动。

❷ 差速器

差速器用以连接左、右半轴，可使两侧车轮以不同角速度旋转同时传递转矩，保证车轮的正常滚动。有的多桥驱动的汽车，在分动器内或在贯通式传动的轴间也装有差速器，称为桥间差速器，其作用是在汽车转弯或在不平坦的路面上行驶时，使前后驱动车轮之间产生差速作用。

目前国产轿车及其他类汽车基本都采用了对称式锥齿轮普通差速器，如图 10-5 所示的对称式锥齿轮差速器由行星齿轮、半轴齿轮、行星齿轮轴（十字轴或一根直销轴）和差速器壳等组成。

项目六 驱动桥维修

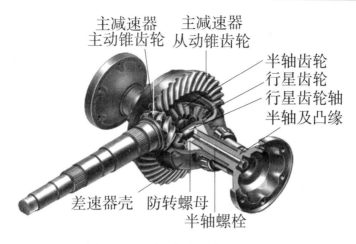

图 10-5 主减速器与差速器

目前,大多数汽车采用行星齿轮式差速器,普通锥齿轮差速器由2个或4个圆锥行星齿轮、行星齿轮轴、两个圆锥半轴齿轮和左右差速器壳等组成。

❸ 半轴

半轴是将差速器传来的转矩再传给车轮,驱动车轮旋转,推动汽车行驶的实心轴。由于轮毂的安装结构不同,而半轴的受力情况也不同。所以,半轴分为全浮式、半浮式、3/4浮式。

(1)全浮式半轴。

一般大、中型汽车均采用全浮式结构。半轴的内端用花键与差速器的半轴齿轮相连接,半轴的外端锻出凸缘,用螺栓和轮毂连接。轮毂通过两个相距较远的圆锥滚子轴承支承在半轴套管上。半轴套管与后桥壳压配成一体,组成驱动桥壳。用这样的支承形式,半轴与桥壳没有直接联系,使半轴只承受驱动扭矩而不承受任何弯矩,这种半轴称为"全浮式"半轴。所谓"浮"意即半轴不受弯曲载荷。

全浮式半轴,外端为凸缘盘与轴制成一体。但也有一些载货汽车把凸缘制成单独零件,并借花键套合在半轴外端。因而,半轴的两端都是花键,可以换头使用。

如图10-6所示,半轴外端锻造有半轴凸缘,用螺栓紧固在轮毂上,轮毂用一对圆锥滚子轴承支承在半轴套管上,半轴套管与空心梁压配成一体,组成驱动桥壳。这种支承形式,半轴与桥壳没有直接联系。这种半轴支承形式,半轴只在两端承受转矩,不承受其他任何反力和弯矩,所以称为全浮式半轴支承。全浮式半轴支承广泛应用于各型货车上。

(2)半浮式半轴支承。

如图10-7所示,半轴用一个圆锥滚子轴承直接支承在桥壳凸缘的座孔内,车轮与桥壳之间无直接联系,而支承于悬伸出的半轴外端。因此,地面作用于车轮的各种反力都须经半轴外端的悬伸部分传给桥壳,使半轴外端不仅要承受转矩,而且还要承受各种反力及其形成的弯矩。半轴内端通过花键与半轴齿轮连接,不承受弯矩。故称这种支承形式为半浮式半轴支承。半浮式半轴支承结构简单,但半轴受力情况复杂且拆装不便,多用于反力、弯矩较小的各类轿车上。

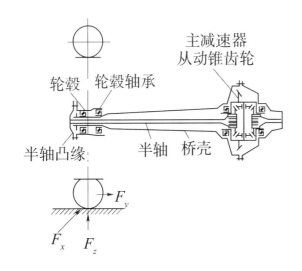

图10-6　全浮式半轴支承图　　图10-7　半浮式半轴支承示意图

(3)3/4浮式半轴。

3/4浮式半轴是受弯矩的程度介于半浮式和全浮式之间。此式半轴目前应用不多,只在个别小卧车上应用,如华沙M20型汽车。

差速器
基本原理

(四)差速器工作原理

主减速器传来的动力带动差速器壳转动,经过行星齿轮轴、行星齿轮、半轴齿轮、半轴,最后传给两侧驱动车轮。差速器的工作状态主要分为直线行驶状态和转向行驶状态。

汽车在转弯时,车轮做的是圆弧的运动,那么外侧车轮的转速必然要高于内侧车轮的转速,存在一定的速度差,在驱动轮上会造成相互干涉的现象。由于非驱动轮左、右两侧的轮子是相互独立的,互不干涉,如图10-8所示。

驱动轮如果直接通过一根轴刚性连接的话,两侧轮子的转速必然会相同。那么在过弯时,内外两侧车轮就会发生干涉的现象,会导致汽车转弯困难,所以现在汽车的驱动桥上都会安装差速器,如图10-9所示。

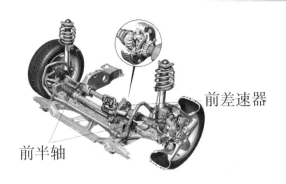

图 10-8　前差速器位置示意图

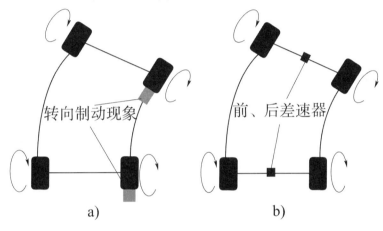

图 10-9　差速器作用示意图

布置在前驱动桥(前驱汽车)和后驱动桥(后驱汽车)的差速器,可分别称为前差速器和后差速器,如安装在四驱汽车的中间传动轴上,来调节前后轮的转速,则称为中央差速器。

一般的差速器主要是由两个侧齿轮(通过半轴与车轮相连)、两个行星齿轮(行星架与环形齿轮连接)、一个环形齿轮(动力输入轴相连),如图10-10所示。

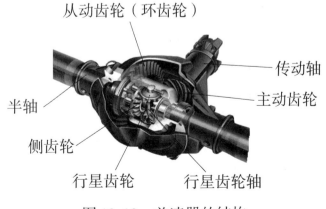

图 10-10　差速器的结构

工作原理是:传动轴传过来的动力通过主动齿轮传递到环齿轮上,环齿轮带动行星齿轮轴一起旋转,同时带动侧齿轮转动,从而推动驱动轮前进。

当车辆直线行驶时,左、右两个轮受到的阻力一样,行星齿轮不自转,把动力传递到两个半轴上,这时左、右车轮转速一样(相当于刚性连接),如图 10-11 所示。

当车辆转弯时,左、右车轮受到的阻力不一样,行星齿轮绕着半轴转动并同时自转,从而吸收阻力差,使车轮能够与不同的速度旋转,保证汽车顺利过弯,如图 10-12 所示。

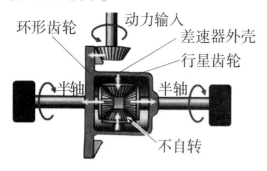

图 10-11 差速器的工作原理示意图（车辆直线行驶时）

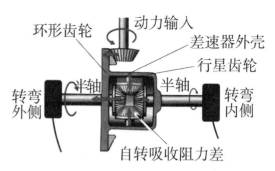

图 10-12 差速器的工作原理示意图（车辆转弯时）

二 任务实施

❶ 准备工作

(1) 实习车辆(卡罗拉轿车)、举升机。

(2) 红丹油、组合工具、扭力扳手、冲子、磁性座支架、百分表、弹簧秤。

(3) 卡罗拉轿车《维修手册》。

❷ 技术要求与注意事项

(1) 注意安全操作,严格按照工艺要求进行操作。

(2) 正确使用工具和量具。

(3) 有规定力矩和操作要求的部位,要严格按照维修手册的要求进行操作。

(4) 拆检时,为了防止错乱,应做好记号;装配时,对准记号按原位置装配。

(5) 在拆装过程中,各部位调整垫片的数量、总厚度都应做好记录,以免装错。

(6) 严格遵循 5S 管理的要求。

❸ 操作步骤

1）故障分析

驱动桥的常见故障有驱动桥过热、驱动桥漏油、驱动桥异响等。

（1）驱动桥过热。汽车行驶一段里程后，驱动桥壳中部或主传动器壳异常烫手。主要原因有：

①齿轮啮合间隙和行星齿轮与半轴齿轮啮合间隙调整过小；

②轴承调整过紧；

③润滑油量不足、变质或牌号不符合要求；

④止推垫片与主减速器从动齿轮背隙过小。

故障诊断与排除方法如下：

局部过热：油封处过热，则故障由油封过紧引起；轴承处过热，则故障由轴承损坏或调整不当引起；油封和轴承处均不过热，则故障由止推垫片与主减速器从动齿轮背隙过小引起。

普遍过热：检查齿轮油油面高度，油面太低，则故障由齿轮油油量不足引起，否则检查齿轮油规格、黏度或润滑性能；检查结果不符合要求，则故障由齿轮油变质或规格不符引起；否则检查主减速器齿轮啮合间隙大小；从松开驻车制动器，变速器置于空挡，轻轻转动主减速器的凸缘盘，若转动角度太小，则故障由主减速器齿轮啮合间隙太小引起，若转动角度正常，则故障由行星齿轮与半轴齿轮啮合间隙太小引起。

（2）驱动桥漏油。从驱动桥加油口、放油口螺塞处或油封、各接合面处可见到明显漏油痕迹。主要原因有：

①螺栓多次拆卸导致螺栓孔间隙大；

②通气孔堵塞；

③油封、衬垫等老化、变质；

④螺栓松动导致接合面不严密；

⑤润滑油加注过多；

⑥放油螺塞松动或壳体裂纹。

（3）驱动桥异响。行驶时驱动桥异响，脱挡滑行时异响消失；行驶时驱动桥异响，脱挡滑行时亦有异响；直线行驶时无异响，转向时有异响；上、下坡时有异响。主要原因有：

①行驶时驱动桥异响，脱挡滑行时异响消失原因有齿轮啮合不良，半轴齿轮与半轴配合花键松旷等。

②行驶时驱动桥异响,脱挡滑行时亦有异响的故障原因常见的有轴承过松或过紧。

③直线行驶时无异响,转向时有异响说明差速器某零部件磨损过度。

④上下坡时有异响的故障原因主要是齿轮啮合间隙过小或过大,齿轮啮合印迹不当等。

根据以上的故障现象和原因分析,初步判断此车的故障现象和故障原因,并完成表10-1。

故障现象和故障原因表　　　　　　　　表10-1

故障现象描述	
初步判断故障原因	

2) 拆检驱动桥

(1) 拆卸前差速器齿圈。

①将前差速器齿圈固定在台钳的两个铝板之间。

注意:不要损坏台钳中的前差速器齿圈。

②在前差速器齿圈和前差速器壳上做装配标记(图10-13)。

③拆下12个螺栓(图10-14)。

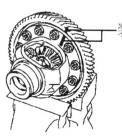 

图10-13　做装配标记　　　图10-14　拆下12个螺栓

④用塑料锤从前差速器壳上拆下前差速器齿圈。

(2) 检查前差速器半轴齿轮齿隙。

①检查前差速器半轴齿轮齿隙。

a. 将前差速器壳固定在台锉的两个铝板之间(图10-15)。

注意:不要损坏台钳中的前差速器壳。

b. 用百分表测量前差速器半轴齿轮齿隙(图10-16)。

标准齿隙:0.05~0.20mm。

项目六 驱动桥维修

 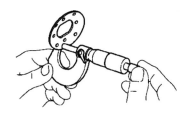

图 10-15 固定前差速器壳　　图 10-16 测量齿轮齿隙

如果齿隙不符合规定,用不同厚度的垫圈更换半轴齿轮止推垫圈。参照表 10-2,选出可以确保齿隙在规定范围内的半轴齿轮止推垫圈。

标准止推垫圈厚度　　　　　　　　表 10-2

标　记	规　定　状　态	标　记	规　定　状　态
1	1.00mm	3	1.20mm
2	1.10mm	4	1.30mm

提示:左侧和右侧选用相同厚度的垫圈。

②检查前差速器行星齿轮止推垫圈。

a.用螺旋测微器测量前差速器行星齿轮止推垫圈的厚度。最下厚度:0.9mm。

b.如果厚度小于最小值,更换前差速器行层齿轮止推垫圈。

③检查前差速器 1 号行星齿轮轴。

a.用螺旋微器测量前差速器 1 号行星齿轮轴的外径(图 10-17)。最小外径:17.975mm。

b.如果外径小于最小值,更换前差速器 1 号行星齿轮轴。

(3)重新装配。

重现装配顺序与拆解顺序相反,以下是重新装配的注意事项。

注意事项:

①安装前差速器半轴齿轮前,在其接触表面涂抹齿轮油;

②安装前差速器 1 号行星齿轮轴前,在其上面涂抹通用润滑脂;

③必须清洁前差速器壳和齿圈的接触面后方可重新装配;

④装配前,将前差速器齿圈在沸水中加热至 90~110℃(图 10-18)。等齿圈上的水分完全蒸干后,迅速对准齿圈和差速器壳的装配标记,并将齿圈安装至差速器壳;

⑤务必按照规定力矩(106N·m)安装 12 个螺栓。

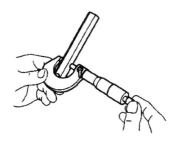
图10-17　测量齿轮轴外径

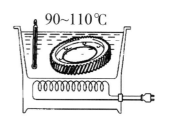
图10-18　加热

三　学习拓展

奥迪Q7的托森差速器

在奥迪Q7的动力传动系统中，装配了具有自动锁止功能的中央差速器。这一博格瓦尔纳(Borg-Warner)公司的产品，自动保证了向四个车轮分配功率的合理性。

正常情况下，托森差速器将约60%的驱动力传给后轴，约40%的驱动力给前轴，因为中心轮（驱动前轴）和空心轮（驱动后轴）的直径不同。当某轴发生滑动时，具有自动锁止功能的中央差速器会将动力自动传给抓地力较大的另一个轴。例如在冰面上行驶，Q7首先使用前轴，前轮在冰上只能承受有限的动力。起扭矩天平作用的开放式差速器在这里只能向后轴传送有限的扭矩，产生相应的推动力。但托森差速器通过其自动锁止功能，迅速将多余的动力完全传送给后轴，因此总是保持推动力。如果后轮在冰上滚动时，由于非对称的设计，锁止力矩不够大，那么动力将完全传送到前轴。于是后轴开始空转。这时电子差速锁EDL将锁定后轴。然后这种制动力矩也产生给前轮的驱动力。

对付笨重的车身和2 240kg的净重，排量达4.2L的V8发动机毫不费劲，它可以在发出低沉优雅的轰鸣声的同时轻松地实现高转速。奥迪对该型发动机作了技术上的优化改良。V8发动机通过最新设计的、镁合金制造的双级可变进气歧管吸入燃油。进气歧管的长度和进气涡流可以通过电机控制的叶片来调节，从而改变吸气过程。两个由进气凸轮轴驱动的高压泵将汽油泵入相互连通的两个不锈钢腔体内。

可是很多人还是会在日常驾驶这样一款车，比如去超市购物。为什么呢？答案很简单：人们愿意炫耀它出色的车身线条。好在停车和并线都由后面和前方的摄像技术支持,只要挂入倒挡,显示器上就会出现用色彩标明的移动路径。即便在狭小的停车位挪车,奥迪Q7也能告诉开车人是不是有消火栓之类的小障碍物。

对于奥迪Q7来说,装载购物袋和饮料箱子是小意思。把后面的两个座位完全折叠放平,可用容积即可达到2 035L。保留第二排座位,装载容积仍有775L。如果3排座椅全留,装载容积则为330L。

如果要装卸重物,可以通过按钮将车尾降低7cm。Q7是一款注重实用的车。很多设计主要针对美国市场。当你看到Q7有10多个杯架时就不会感到奇怪了。其中的4个杯架甚至能容纳1.5L的饮料瓶。

奥迪还专门为美国市场设计了一款空调。一般欧洲人喜欢的空调效果是没有穿堂风,但美国人不。美国人喜欢冷热风直吹身体,而且越多越好。

Q7的滑动式天窗分为一先一后两个,这个则是投放于所有的市场。第一批顾客中的60%都在购买合同中对这个选项打了勾。只要按一下按钮,两个半透明的窗帘就可以覆盖天窗,遮挡阳光。前排上方的天窗开启度很大,而后排上方的开启度相对较小。

所有的座椅都可调节。中间一排座椅可以向后调节10cm,而且靠背倾斜角度也能调节。后面两排座椅的折叠也非常轻松,一位女性就能轻松搞定。

拖挂装置的操作也很简单。只要将盖子打开,电动控制的拖挂装置便会自动伸出或收回。

Q7的牵引负荷有3.5t,看来有牵引重物需求的顾客也是奥迪力图争取的目标用户。以目前的技术水平,ESP系统也配备了拖车稳定系统。通过自动制动干涉,有效地进行稳定控制,从而大大降低拖车蛇行时的风险。

奥迪Q7还配备了许多新型电子装置,其中包括主动巡航控制系统(ACC)。该系统能够从静止到200公里/小时的车速范围内进行车距和车速的控制。因此在与前面的车辆相隔一定距离时,系统能够先自动调节车距,随后发出警告。如果驾驶员还没有反应,就用短促的刹车冲击来提醒开车人。

新技术还包括侧向辅助系统。它通过雷达传感器监控车辆侧面以及后方的状况。如果在公路上和另外一辆车平行驾驶,后视镜上会出现一条发光带。如果这时打灯并线,发光带会发出警告,以避免在转换车道时与处于盲区的后至车辆发生碰撞。

奥迪预计每年销售6万~8万辆Q7,其中有一半会在美国市场消化。这恐怕主要得益于奥迪宽大的内部空间和最多可达7个的可选座椅位置。

Q7是真正意义上的SUV。在公路上它敏捷灵活,在山地上它有卓越的越野功能——这些在测试中都已得到证明。凭借着quattro全时四轮驱动技术和可调空气悬架系统等诸多功能,奥迪Q7应该可以朝着既定方向前进并取得成功。

四 评价与反馈

❶ 自我评价

(1)通过本任务的学习,你是否已经知道以下问题:
① 驱动桥的基本结构是什么?_____
② 差速器的基本原理是什么?_____

_____

_____

③ 如何对减速齿轮进行调整?_____
(2)本任务的学习过程中用到了哪些设备?

_____

(3)实训过程完成情况如何?

_____

(4)通过本任务的学习,你认为自己的知识和技能还有哪些欠缺?

_____

    签名:_____   ___年___月___日

❷ 小组评价(表10-3)

小组评价表   表10-3

序号	评价项目	评价情况
1	着装是否符合要求	
2	是否能合理规范地使用仪器和设备	
3	是否按照安全和规范的流程操作	
4	是否遵守学习、实训场地的规章制度	
5	是否能保持学习、实训场地整洁	
6	团结协作情况	

参与评价的同学签名:_____   ___年___月___日

项目六 驱动桥维修

❸ 教师评价

教师签名：_____　　　_____年___月___日

五 技能考核

根据学生完成实训任务的情况对学习效果进行考核。技能考核标准见表 10-4。

技 能 考 核 标 准　　　　　表 10-4

序号	项目	操作内容	规定分	评分标准	得分
1	着装规范	穿戴工作服、防护用品	5	穿戴工作服、防护用品，每一项未完成扣 1 分，扣完为止	
2	准备工作	车辆、工量具到位，场地清洁	10	车辆、工量具到位，场地清洁，每一项未完成扣 2 分，扣完为止	
3	驱动桥拆装	拆装驱动桥总成	10	正确拆装驱动桥总成，每一项未完成扣 5 分，扣完为止	
4	驱动桥零部件检测	检测驱动桥主要零部件	20	正确检测驱动桥主要零部件，每一项未完成扣 5 分，扣完为止	
5	驱动桥故障诊断与排除	按照诊断流程排除故障	30	正确按照诊断流程排除故障，每一项未完成扣 5 分，扣完为止	

续上表

序号	项目	操作内容	规定分	评分标准	得分
6	工位整理	工量具、设备、场地整理	10	工量具、设备、场地整理,每一项未完成扣2分,扣完为止	
7	安全作业	遵守安全操作规程和工艺要求	15	遵守安全操作规程和工艺要求,不规范和不安全每次扣2分	
	总分		100		

六 思考与练习

1. 驱动桥主要由哪四部分组成?

2. 驱动桥常见故障有哪些?

3. 根据半轴的结构不同,半轴可分哪几类?

4. 简述驱动桥的组成和各部件的作用。

5. 简述差速器的组成结构,并写出各部件的检查方法。

6. 如何检查差速器油液泄漏情况?写出更换差速器油的步骤。

7. 总结归纳差速器总成的拆装步骤。

8. 各总结归纳驱动桥异响的故障原因,并写出其检修步骤。

参考文献

[1] 姚为民.汽车构造(下册)[M].7版.北京:人民交通出版社股份有限公司,2021.
[2] 桂长江,刘星.汽车传动系统维修[M].北京:高等教育出版社,2019.